LE

PÈRE GASCHON.

LE
PÈRE GASCHON,

VIE
D'UN MISSIONNAIRE D'AUVERGNE,

PAR

M. l'abbé Grivel,

Chanoine de St-Denis,

ANCIEN AUMONIER DE LA CHAMBRE DES PAIRS,

VICAIRE-GÉNÉRAL DE BORDEAUX.

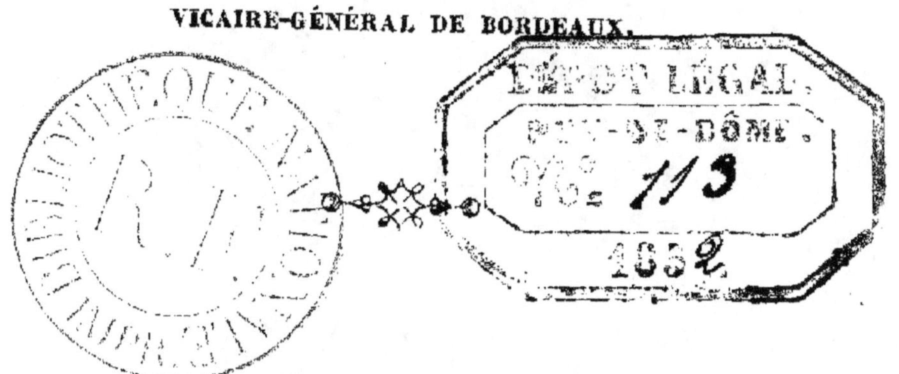

CLERMONT-FERRAND,
A LA LIBRAIRIE CATHOLIQUE,
Rue du Terrail;
A AMBERT, A L'HOPITAL.

1852.

*A Monsieur le Supérieur de la Mission
du diocèse de Clermont, à messieurs
les Missionnaires.*

MESSIEURS,

Les travaux, les succès apostoliques,
les vertus et la sainteté du père Gaschon,
sont pour vous un honneur, un trésor,
un patrimoine de famille, car vous êtes
ses descendants directs, ses héritiers

légitimes dans cette même portion de l'héritage du Seigneur (1). Et quand je vois en vous cette ardeur de zèle et de charité pour le salut des âmes, qui ne se fatigue et ne se rebute jamais, quand je vous vois marcher avec tant de dévouement à la conquête des titres qui ont fait bénir son nom et sa sainte mémoire, dût votre modestie en souffrir, laissez-moi vous le dire, celui

----

(1) Sous Monseigneur François Bochard de Saron, en 1701, les missionnaires du Clergé s'établirent à Clermont ; sous Massillon, en 1737, ils furent unis à la communauté de Saint-Austremoine. Un M. Croizat contribua pour une somme considérable à la dotation de la maison qu'ils firent bâtir près de Fontgiève ; c'était aussi un lieu de retraite pour les vieux prêtres qui avaient épuisé leur santé au service du diocèse.

dont j'entreprends d'esquisser l'admirable vie semble revivre lui même à mes yeux ; il m'apparaît comme un de ces patriarches de l'ancienne loi, entouré d'une jeune et nombreuse postérité qui perpétuera son souvenir et le bien qu'il a fait.

Permettez-moi donc de vous dédier cette œuvre dont le sujet et le fond vous appartiennent déjà, puisque c'est l'histoire d'un de vos pères dans l'apostolat. Puisse-t-elle à ce titre obtenir de votre part un accueil filial !

Veuillez aussi accepter, pour être consacrée à la maison de retraite des prêtres infirmes du diocèse (1), une partie du produit de cette édition, quelque faible qu'il puisse être, comme un hommage de plus au père Gaschon, et un titre nouveau à votre bienveillant intérêt, qui est toujours acquis à ce qui peut produire quelque bien.

Veuillez agréer l'hommage de mes sentiments de respect et d'affection.

L'abbé GRIVEL,

Chanoine de Saint-Denis.

---

(1) Il existe, comme on le sait, à Clermont, une maison de retraite et qui est annexée à celle des missionnaires, pour les prêtres que l'âge et les infirmités réduisent à sentir les atteintes du besoin. C'est Monseigneur Féron qui a fondé cette œuvre destinée à assurer l'avenir des anciens du Sacerdoce ; touchante fondation ! qui est l'œuvre de son cœur autant que de sa piété, et qui sera un des plus grands bienfaits et une des plus grandes gloires de son épiscopat.

LE PÈRE GASCHON.

Le père Gaschon, qui a été l'apôtre et le bienfaiteur de notre pays pendant sa vie, qui est encore son bienfaiteur et son intercesseur auprès de Dieu après sa mort, naquit à la Mollette, village situé dans la commune d'Auzelle, arrondissement d'Ambert, le 30 août 1732.

A son baptême, il avait reçu le nom de *François*, nom de douce et heureuse espérance, déjà si cher à l'Eglise, porté et illustré par un grand nombre de saints (1), et qui, une fois encore, devait être l'honneur de la religion et de l'apostolat catholiques.

Ses parents (2), sans être riches, possédaient en biens fonds une fortune suffisante pour fournir honorablement à leurs besoins. Leurs goûts étaient simples; ils s'alliaient on ne peut mieux avec de douces et paisibles mœurs que diverses circonstances avaient ménagées. Une habitation modeste et isolée faisait leur demeure (3); la surveillance de

---

(1) Saint François Xavier, saint François de Sales, saint François Régis, etc.

(2) A deux petites lieues de la Mollette, dans la commune de Saint-Amand-Roche-Savine, existe un village assez considérable appelé Gaschon; tout porte à penser que la famille de ce nom sortait de là lorsqu'elle vint s'établir à la Mollette. On y trouve encore des Gaschon.

(3) J'emprunte presque textuellement ces détails à une note qui m'a été fournie par l'un des neveux du père Gaschon, mort conseiller à la Martinique.

Outre ce neveu, le père Gaschon en avait deux autres; l'un mort ingénieur en chef du département

quelques travaux agricoles formait leur occupation ; des exercices religieux présidaient à toutes leurs œuvres et les sanctifiaient, et leur ambition, s'ils en avaient une sur la terre, était de mériter l'estime dont ils jouissaient.

Ce fut au sein de cette famille, comme il y en avait alors plusieurs dans nos montagnes, où la piété et les vertus héréditaires se maintenaient et se perpétuaient sous la garde des traditions domestiques, que l'enfant puisa, autant dans les exemples que dans les leçons de tous ceux qui l'entouraient, ces premiers et précieux principes qui influent sur la vie tout entière. Les germes de cette éducation toute chrétienne prirent en lui un rapide développement par les soins de son

de l'Hérault, l'autre encore vivant, conseiller à la cour d'appel de Paris.

La famille Gaschon est représentée à Ambert par M. Bernet, son petit-neveu, juge au tribunal. On aime à retrouver en lui des traits de ressemblance, de plus d'un genre, avec son oncle.

oncle maternel, M. l'abbé Pallas, curé d'E-glise-Neuve, qui cultiva soigneusement les heureuses dispositions de l'esprit et du cœur de son jeune neveu. Sa candeur, sa retenue, sa piété précoce, annonçaient ce qu'il serait un jour, car dès son bas âge brillèrent en lui tous les caractères distinctifs par lesquels Dieu l'avait marqué pour être *sien*. Quand il eut fait sa première communion, il fut placé par ses parents au collége de Billom, tenu par les Jésuites. S'étant livré avec ardeur et persévérance à l'étude, il ne tarda guère à se faire remarquer par ses progrès rapides, et à la fin de chaque année, il obtenait d'honorables et nombreux triomphes. Mais le jeune élève attachait peu d'importance à ces scolastiques trophées; il soupirait déjà après des conquêtes plus dignes de ses efforts généreux et que lui réservait la Providence..., car déjà au pied des autels et au fond de son cœur il s'était voué au sacerdoce.

Sa rhétorique terminée, il alla au sémi-

naire de Clermont pour faire sa philosophie
et ses études théologiques ; c'est là qu'il fut
ordonné prêtre. A peine marqué du caractère sacré, ses débuts comme ministre des
autels eurent lieu d'abord à Saint-Amant-
Roche-Savine et ensuite à Olliergues, avec
grand succès et grande édification. Il remplit dans cette dernière localité, comme il
l'avait fait dans la première, les fonctions
de vicaire. Son séjour dans ces deux paroisses y a laissé des souvenirs de vénération
et de sainteté, que les pères ont transmis à
leurs enfants, et qui sont encore vivants au
milieu d'eux. Plein de défiance en lui-même,
et se regardant comme inférieur à ses au-
gustes fonctions, quelque temps après il
se rendit à Toulouse, où étaient déjà deux
de ses frères (1), pour compléter sur divers

---

(1) Anne-Marie Gaschon, prêtre d'un grand
savoir, qui fut nommé curé à Fournols, où il mourut
en 1791 ; Louis Gaschon, docteur *in utroque jure*,
étant reçu avocat, se fixa à Riom, où siégeait l'an-

points son instruction. Il en repartit après
y avoir passé un an ou deux, et revint en
Auvergne avec la résolution bien arrêtée
d'entrer dans les missions diocésaines, aux-
quelles la voix de sa conscience et celle de
son évêque lui avaient fait connaître qu'il
était appelé. Il se rendit donc à Notre-Dame-
de-Banelle, située dans le Bourbonnais, près
d'Escurolles, et qui était une des quatre maisons que possédaient les missionnaires dans
notre vaste diocèse. C'est là que, poussé
par ce besoin de dévouement pour la gloire
de Dieu et pour le salut de ses frères, que
la foi n'inspire dans cette mesure qu'aux
âmes d'élite, il s'attacha par des liens indis-

---

cienne sénéchaussée de cette province. Après avoir
exercé quelque temps les fonctions de juge au tribunal de district d'Ambert, il retourna à Riom ; il
s'y maria et eut un assez grand nombre d'enfants.
Atteint d'une maladie occasionnée par la perte de
la plus tendre des mères et de la plus vertueuse des
épouses, il mourut lui-même en 1819, laissant,
comme jurisconsulte et comme avocat, des souvenirs
honorables, que 30 ans d'exercice avaient mérités.

solubles à cette œuvre qui a rendu et qui rend encore de si grands services à l'Eglise. Et n'en avons-nous pas été les heureux témoins? Ambert n'a-t il pas vu dans ses murs ces missionnaires successeurs et compatriotes du Père Gaschon? Ces hommes de Dieu qui, en arrivant au milieu de nous et à l'ouverture de leurs saints travaux (1), ont invoqué le nom et le souvenir de leur glorieux prédécesseur, n'ont-ils pas marché sur ses traces? Et celui qui du fond de son tombeau, ou plutôt du haut des Cieux, veille avec amour sur le champ que fécondèrent ses sueurs, le Père Gaschon n'a-t-il pas dû bénir leur mission, applaudir à leurs efforts? Et en voyant tant de zèle et de dévoûment, n'a-t-il pas dû reconnaître sa descendance dans cette milice jeune encore, mais déjà si avancée dans la science de Dieu? Voilà

____

(1) Mission et jubilé du mois de décembre 1851.

pourquoi, de ce sol déjà si riche et d'ailleurs si bien préparé, a surgi devant nous une si belle et si consolante moisson.

A l'époque où le Père Gaschon en faisait partie, la mission diocésaine comptait dans son sein des hommes infiniment respectables, ouvriers actifs, zélés, intelligents (1), directeurs habiles et pieux modèles, qui évangélisèrent successivement presque toutes les parties de notre grand et beau diocèse. J'ai trouvé dans les registres de plusieurs paroisses des détails sur les opérations de ces hommes apostoliques. Rien ne saurait donner une idée des peines qu'ils prenaient pour semer le grain précieux de la foi souvent dans une terre ingrate, pour réformer les mœurs corrompues des habitants et dissiper parmi eux les ténèbres de l'ignorance.

(1) Entre autres, le père Cornudet, le père Marcland, dont les sermons eurent de la réputation, et le père Vrai de Saint-Anthelme, qui avait un talent remarquable pour les conférences.

On aurait dit qu'ils donnaient à leur zèle toutes les formes pour en diversifier et en assurer les effets heureux. Ils apaisaient les dissensions, terminaient les procès, réconciliaient les familles, se livraient en chaire à tout l'entraînement de leur ardeur au salut des âmes, passaient les jours entiers et une partie de la nuit au tribunal de la pénitence, pour justifier le coupable aux yeux du Seigneur par la grâce ineffable du sacrement, trouvaient à peine le temps de réparer les forces du corps par quelques heures de repos, par une nourriture frugale, et d'élever leur esprit vers le Seigneur par la récitation de l'office divin ou l'oblation du saint sacrifice. Telle était la tâche que s'étaient imposée et que remplissaient les missionnaires. Mais de tous ces noms justement vénérés par les contemporains, le seul qui ait échappé non-seulement à l'oubli, *ce fleuve de mort courante*, mais qui ait conservé au milieu de nos populations, et dans

toute son intégrité, *la fraîcheur* de sa popularité, c'est celui du Père Gaschon. S'il est
dans nos montagnes une date de précieux
souvenir, c'est celle d'une de ces missions
dont nous avons parlé, et qui, bien que
faite par plusieurs, n'a pas d'autre dési-
gnation que celle-ci : *la mission du Père
Gaschon.* Quand le peuple veut manifester
son admiration pour un ministre du Seigneur, dont la sainte éloquence le frappe et
l'entraîne, il a une formule devant laquelle
pâliront tous les autres éloges : *On dirait
que c'est le Père Gaschon.* Si, dans quelques-unes des paroisses de nos contrées qui
se cachent au fond de nos vallées profondes,
ou qui sont placées sur le sommet de nos
montagnes escarpées, il vous arrive de ren-
contrer une de ces croix en si petit nombre
qui ont échappé aux ravages de 93, n'en
doutez pas, cette conservation presque mira-
culeuse est un fait où l'influence du nom et
du souvenir de notre saint Missionnaire n'est

point étrangère. Le supérieur des Missionnaires actuels de Clermont, M. l'abbé Blazin, me disait que l'année passée il avait fait une Mission à Saint-Ignat, et qu'à l'époque de la plantation de la Croix, on eut un instant l'idée d'en déplacer une autre en fer qui était tout près de là. Ce vieux et respectable monument était destiné à consacrer pareille faveur du ciel, une mission qui avait eu lieu dans le pays l'an de grâce 1779; mais ce projet de déplacement et de translation n'eut pas de suite, car à peine les habitants en furent instruits qu'ils réclamèrent tous d'une voix unanime, disant que c'était *la croix du père Gaschon et qu'il ne fallait point y toucher.* Les Missionnaires qui ignoraient cette particularité, émus de cet hommage de respect et d'affection rendu à la mémoire de leur saint prédécesseur, s'empressèrent de faire droit à de si justes réclamations et furent heureux d'abriter la nouvelle croix à l'ombre de celle du père Gaschon. Ne croirait-on pas assister à une de ces scènes touchantes des anciens jours, alors que les enfants des patriarches, dans leurs pérégrinations à travers le désert, reconnaissaient à quelques-unes de ces pierres commémoratives les traces de leurs Pères, et aussitôt se prosternaient devant ces signaux sacrés.

Mais revenons. Cette supériorité, toute de vertu et de mérite, attribuée par le peuple à son Missionnaire de prédilection, était aussi reconnue et admirée avec une édifiante humilité par ses confrères et ses collaborateurs. J'en trouve la constatation dans une lettre du père Lavéroux, adressée à M. Chambroty, curé d'Olliergues, prêtre d'un haut mérite et d'un grand renom. « Le père Gaschon, est-il dit dans cette lettre, est notre modèle dans les moindres détails de sa vie, aussi bien que notre maître à tous comme Missionnaire; rien ne saurait vous donner une idée des merveilles de ses succès apostoliques. A l'exemple du grand Apôtre, il sait se faire tout à tous. Quelle ardeur pour le salut des âmes ! quel zèle pour corriger les vices et en même temps quelle charité pour les pécheurs ! Nous le reconnaissons, nos efforts seraient bien peu de chose, s'ils ne participaient par une espèce d'emprunt à l'abondance des bénédictions du ciel que les vertus de notre confrère attirent sur ses travaux et sur les nôtres. » Telle était la réputation du père Gaschon ; lui seul l'ignorait et s'accusait d'insuffisance. Aussi, dans l'intervalle des Missions, quand il revenait à Banelle ou à l'Ermitage, autre maison qui appartenait aux Missionnaires, près de Noirétable, ce n'était point pour prendre du repos, mais pour se livrer à de nouvelles études. Si parfois il était dérangé pendant le jour, il retrouvait la nuit, sur les heures de son sommeil, le temps pour pouvoir lire, étudier et méditer beaucoup. Le grand nombre de sermons qu'il avait écrits, prouve qu'il y avait en lui un riche fonds et une prodigieuse fécondité. Ses recherches, ses notes, ses précieuses acquisitions, lui turent d'un grand secours, lorsque, dans l'intention de se rendre plus fréquemment et plus immédiatement utile, il sentit bientôt la nécessité de parler d'abondance.

Il n'est pas besoin de le dire, durant les longs et périlleux jours d'épreuves, de terreur et de persécution, nul ne fut plus fidèle à son Dieu, à son ministère, à sa consigne évangélique, que le Père Gaschon. Il ne crut pas devoir déserter le champ de bataille; il ne quitta pas le navire battu par un si violent orage, mais il y demeura pour s'y rendre utile. Dans cette position critique, il sut opposer la résignation à la violence, la prudence au danger, et ce fut avec bonheur qu'il s'imposa les privations et se soumit aux sacrifices que les circonstances commandaient. Les chaumières, les cabanes, devinrent sa demeure, et les montagnes, les bois lui servirent de refuge. Il venait parfois demander un asile à ses ouailles les plus fidèles, heureuses de pouvoir offrir un abri sous leur toit hospitalier à celui qui, comme son maître et son modèle, n'avait pas même une pierre pour y reposer sa tête; et cependant aucune rancune amère n'était dans son cœur, aucune récrimination contre qui que ce soit ne sortait de sa bouche; il priait pour les persécuteurs comme pour les persécutés.

Mais, quoique errante et incertaine, sa vie ne discontinua pas d'être laborieuse et utile; son zèle, sans cesse excité par l'amour du prochain, par les obstacles, par les périls même, au lieu de se ralentir, prenait un accroissement nouveau. Il faisait de la nuit le jour; il allait à pied, au milieu des neiges, pour visiter les montagnes de l'Auvergne et du Forez, et y apporter le pain de la sainte parole, les consolations et les grâces de son ministère. Là ou là, son apparition était presque toujours certaine ; les jours de dimanche et de grande fête, d'avance tout se trouvait apprêté pour le service divin. Un bruit sourd et mystérieux, qui circulait de bouche en bouche, remplaçait le signal de la cloche, *cette voix d'allégresse et de concorde* qui ne se faisait plus alors entendre. Une grange, un hangar, tenait lieu d'église, et dans le recueillement le plus religieux, le plus profond, au milieu d'une population édifiante et attendrie, l'auguste sacrifice était célébré. Après l'avoir longtemps menacé, poursuivi, traqué en quelque sorte, une bande d'*enragés*, comme les appelait le peuple dans son langage énergique, s'abattit un jour sur une des paisibles retraites qu'il avait choisies ; mais tel était l'ascendant qu'exerçait sa vertu et la vénération irrésistible qu'elle inspirait, que les forcenés venus pour se saisir de lui baissèrent la tête devant la majesté désarmée du saint prêtre, tombèrent à ses pieds et lui demandèrent sa bénédiction.

Lorsque l'ordre renaissait sous la main du génie, il fit taire ses regrets et ses affections à la vue de la prospérité publique et croyait que le doigt de Dieu avait marqué les destinées qui s'accomplissaient. Peu après le Concordat, lorsque le culte fut rétabli, les titres, assurément, ne lui manquaient pas pour se voir investi, s'il l'eût désiré, de celles des fonctions qui pouvaient lui convenir. En même temps qu'elles lui auraient procuré des moyens d'existence, elles seraient devenues pour lui une sorte de repos bien mérité après les plus longs et les plus pénibles travaux. A ce sujet, j'éprouve un grand plaisir à transcrire ici les notes que m'a fournies le neveu du Père Gaschon. Je le laisse donc parler.

« Étant à un âge où l'on ne se pique pas toujours d'une extrême réserve, je me permis d'exprimer à mon oncle mon étonnement de ce qu'il avait refusé une fort belle cure. Je commençais une autre phrase, lorsque levant les yeux, et me regardant fixement, il me répondit : « Oui, mon neveu, cela est vrai, il n'aurait dépendu que de moi d'avoir une très-belle cure, mais il n'entrait pas dans mes intentions de l'accepter. Je n'ai jamais voulu d'emploi, je n'en voudrai jamais; j'ai été et je serai toujours soldat volontaire de Jésus-Christ. » Ces paroles, prononcées avec une certaine énergie, firent sur moi une vive impression. Homme vertueux, me dis-je, le sentiment qui vous fait agir vous rend supérieur à tous et à tout. Constamment préoccupé de votre but, vous croiriez insuffisants les moyens d'y atteindre, si non moins libre dans vos actions que dans vos pensées, vous ne pouviez chercher à pénétrer partout où une sollicitude évangélique et fraternelle appelle votre présence, partout où vous entendez l'accent de la douleur et le cri du besoin. »

Le père Gaschon était pauvre, et il aimait les pauvres; il était humble, et il aimait les humbles; il était simple, modeste, charitable, et il aimait, il aimait par-dessus tout ce qui annonce au plus haut point la simplicité, la modestie et la charité. Un hôpital seul pouvait lui convenir, et nous devons bénir Dieu de lui avoir inspiré l'heureuse pensée de choisir celui de notre modeste cité. Il fut accueilli comme un ange envoyé du ciel par M. de Rostaing, alors curé d'Ambert, et par les bonnes et simples religieuses, servantes dévouées des malades. En entrant à l'hôpital, il mit pour condition expresse qu'il paierait le loyer de sa chambre, voulant, disait-il, ne rien s'approprier du bien des pauvres. Et quelle chambre! quel ameublement! quelle absence de toute décoration! Je me trompe, il en était une devant laquelle devaient disparaître toutes les autres : c'était un Christ en bois sur une croix de bois fixée en face de son lit à une muraille de l'appartement.

Le Père Gaschon devint dès lors le pasteur, le père, l'ami des pauvres ; chaque jour il leur faisait des instructions élémentaires sur la religion : les jeunes apprenaient, les vieux se ressouvenaient ; il assistait à la prière du soir et du matin, présidait à des lectures pieuses en commun et à haute voix. Chaque jour, il visitait les salles des malades, leur distribuait des consolations ; souvent il se promenait avec les convalescents, s'entretenait familièrement et pieusement avec eux dans les corridors et dans le jardin. Aussi, beaucoup de ceux qui avaient été admis à l'hôpital pour y recouvrer la santé du corps, en sortaient après avoir recouvré celle de l'âme. Mais comme sa sollicitude redoublait pour ceux qui étaient menacés d'un danger de mort ! Quel zèle, quelles douces insistances, quelles fréquentes visites pour les préparer à ce dernier moment d'où dépendait leur sort éternel ! Au milieu de tant d'occupations qui semblaient devoir l'absorber, il trouvait du temps, non-seulement pour la prière et la méditation, mais encore pour tous les catéchismes de première communion et de persévérance, dont seul il était chargé, et qu'il faisait, soit à la chapelle de l'hôpital, soit à l'église Saint-Jean; il en trouvait pour ses prédications si fréquentes à Ambert et dans les lieux du voisinage, pour ses nombreuses confessions *ordinaires, extraordinaires et générales*, car de bien loin et de tous côtés on affluait à son confessionnal; souvent même, il se rendait à de grandes distances auprès de ceux qui ne pouvaient venir à lui, pour recevoir l'aveu de leurs fautes ou leur apporter les secours de sa charité. J'ajouterai qu'il n'y avait presque pas une famille dans notre ville et dans notre paroisse qui, dans quelques-unes de ces circonstances douloureuses de la vie, où le cœur éprouve le besoin d'épancher les sentiments qui l'oppressent, ne vît arriver le Père Gaschon comme un ami,

2*

comme un ange de consolation ou de bons conseils. Seconde Providence de notre contrée, il était le promoteur, l'âme de beaucoup de bonnes œuvres qui lui appartenaient en propre ; mais il s'effaçait et en déclinait la gloire avec autant de soins qu'un homme vulgaire en aurait peut-être recherché le mérite. Il ne demeurait étranger à aucune espèce de bien qui s'opérait dans la paroisse ; cependant, à l'entendre, il n'en était point l'auteur, mais le simple instrument ; il ne faisait et ne disait jamais rien qu'au nom et de la part du pasteur, et il poussait si loin ce que je puis bien appeler le scrupule de la délicatesse et de la déférence à cet égard que, quoique M. le curé, qui avait en lui une confiance sans bornes, lui eût conféré toute son autorité, il n'aurait pas même hasardé en chaire la plus ordinaire des observations, le plus simple avis, sans en avoir demandé l'autorisation.

Ses parents, nous apprend encore son

neveu, lui avaient laissé, relativement à sa position, un assez bel héritage ; il consistai en immeubles. Qu'en fit-il? Se servant du fonds comme un autre aurait usé du revenu, il le vendit successivement, pièce à pièce, morceau par morceau, et en distribua le produit aux malheureux. Aux malheureux! Mais dans ces moments de largesse, alors surtout qu'il en fut réduit à sa dernière ressource, à sa dernière obole, i était malheureux, et très-malheureux luimême. Évidemment, c'était le pauvre qui venait au secours du pauvre, l'indigent qui faisait l'aumône à l'indigent; et, plus d'une fois, il lui arriva de donner jusqu'à la chemise qu'il portait. Personne ne poussa plus loin que lui la vertu de charité, personne n'en cacha plus soigneusement les actes.

Quoiqu'il le dissimulât sous le voile d'une profonde modestie, le vénérable aumônier de l'hôpital avait de l'esprit et beaucoup d'esprit, et il ne s'en servait toujours que dans l'intérêt du bien et pour l'avantage d'autrui. C'est ainsi qu'il disait fort agréablement au médecin de la maison : « Docteur, ayez bien soin de mes malades ; ce sont vos meilleures pratiques, car c'est Dieu qui paie pour eux. »

Sa conversation respirait les charmes de la piété en même temps que les agréments d'une aimable gaieté. On peut dire, à sa louange, ce qui est dit de la sagesse elle-même, que son entretien n'avait rien d'amer ni d'ennuyeux.

Voici l'impression qui m'est restée, aussi bien que dans l'esprit de plusieurs de ses auditeurs, de la manière de prêcher du missionnaire et de l'apôtre du Livradois. Etant en chaire, presque toujours il improvisait ; il ne s'attachait ni à la recherche de l'expression, ni à l'ornement du discours. Quoique méthodique et nuancée, sa manière, mise à la portée du plus grand nombre, était simple et familière. Ce qu'une exposition nue ou une pure déduction logique n'aurait pas suffisamment démontré, était rendu palpable par des paraboles, des comparaisons, des similitudes. Fort de sa conviction profonde, entraîné lui-même par le besoin d'entraîner, il trouvait sans efforts ce pathétique de mouvement, ces accents souverains qui sont la voix de l'âme, les élans irrésistibles du cœur. C'était surtout quand il s'adressait au peuple, aux ouvriers, aux gens de la campagne, qu'il fallait l'entendre. Il parlait leur patois avec un bonheur d'expression inimitable, avec un naturel et une onction qui gagnaient les esprits en subjuguant les cœurs. Dans son langage vulgaire, sans être trivial, la foi devenait un sentiment ; il faisait croire en faisant aimer ; son zèle tout amour entraînait la foule après lui. Toutes les fois qu'il prêchait à Ambert et dans les autres paroisses de l'arrondissement, les églises étaient remplies d'auditeurs attentifs, recueillis et émus à sa parole. Ses prédications étaient suivies de fruits abondants de pénitence et de conversion.

Aussi courageux dans son zèle que pur dans ses intentions, il prêchait les grandes vérités de la religion, attaquait toutes les erreurs, tous les vices du siècle, faisait trembler l'impiété audacieuse, et alors ses sermons étaient pleins de traits hardis, de tournures originales et frappantes (1).

Se trouvant, à une certaine époque, dans une paroisse où, pour beaucoup de personnes, l'usage immodéré du vin était la passion dominante, le curé, voulant remédier à ce désordre, le pria de prêcher contre l'ivrognerie. Le Père Gaschon savait par expérience combien ce vice était difficile à détruire. Il prêcha avec véhémence, employa tous les moyens que sa foi ardente et sa vive charité pour ses frères purent lui suggérer.

---

(1) Voir les notes trouvées dans les papiers du père Gaschon.

Il fut pressant, il supplia, conjura, les larmes aux yeux, son auditoire. Puis s'interrompant, il s'adresse la parole à lui-même et s'écrie : Que fais-tu, Père Gaschon? Tu perds ton temps. Mais au moment où il avouait ingénuement son impuissance, n'ayant en sa vie, disait-il, converti qu'un seul ivrogne, une voix, partie du milieu de son auditoire, vint l'interrompre, s'écriant : Mon Père, comptez-en deux.

Une contagion sévissait dans une autre localité de nos montagnes, où prêchait le Père Gaschon. A la fin de son sermon, il adresse à Dieu, dans sa péroraison, une prière fervente, pour demander la cessation du fléau ; puis, nouveau Charles Borromée, il tombe à genoux, et s'offre lui-même au Seigneur, le suppliant de l'accepter en holocauste, lui, serviteur inutile, et d'épargner tant de pères, tant de mères, tant d'enfants si chers ou si nécessaires à leurs familles. Les yeux deviennent humides, et tous fondent en larmes.

Sa passion, imitée du Père Molinier, mais qu'il s'était appropriée avec beaucoup de bonheur, produisait aussi le plus grand effet. Je l'entends encore s'écrier : C'était une coutume chez les Hébreux, quand on avait trouvé un homme mort sur le territoire de la contrée, de faire rassembler tous les principaux de la nation, tous les chefs des tribus et des familles, et de les sommer de venir jurer sur le cadavre, que ni eux, ni leurs enfants, ni leurs serviteurs n'étaient pour rien dans la mort de celui qui était là gisant et étendu..... On a trouvé un homme mort, ajoutait-il, dans cette paroisse, dans cette ville..... Et découvrant le crucifix, il le montrait à son auditoire, et s'écriait : Le voilà, cet homme, *ecce homo*. Parlez, le reconnaissez-vous ? Vous le voyez ; ce n'est point seulement un homme, c'est le fils de Dieu, Dieu lui-même, qu'on a cloué sur la croix. Vous tous, tant que vous êtes ici, venez jurer que vous n'avez point contribué à cet horrible déicide..... Puis venaient des interrogations accusatrices adressées à toutes les classes de la société, aux hommes de tout âge, de toute condition, et la conclusion était accablante pour tous.

Je voudrais bien encore présenter ici comme un échantillon du genre adopté par notre inimitable missionnaire, et qui lui réussissait si admirablement lorsqu'il voulait faire pénétrer dans l'esprit des habitants de la campagne une vérité de dogme ou de morale; mais mes paroles décolorées pourront-elles donner une idée de ces images parlantes, de ce langage expressif, dont lui seul avait le secret, et qui faisait toujours une si vive impression sur ses auditeurs? Il prêchait à Maymont, près Olliergues, sur le mal qu'il y a dans les médisances et les paroles irréfléchies qui vont contre la charité, et la difficulté qu'il y a de les réparer; et, sur ce dernier point, il leur disait en patois du pays : Mes pauvres enfants, vous ne croyez pas faire beaucoup de mal en médisant de l'un et de l'autre, et en ne retenant pas votre langue ; vous croyez qu'en venant vous confesser, Dieu vous pardonnera, et qu'en disant à votre confesseur : J'ai parlé d'un tel, j'ai parlé d'une telle, il vous donnera l'absolution. Mais pour que Dieu vous pardonne, pour que votre confesseur vous donne l'absolution, il faut absolument réparer le mal que vous avez fait, le mal qu'ont produit vos méchantes paroles, entendez-vous bien ? et c'est là qu'est le difficile. Tenez, voulez-vous que je vous le fasse comprendre ? Si vous preniez un sac plein de plumes et que vous le portiez à la cîme de Pierre-sur-Haute , et qu'ensuite vous jetiez toutes ces plumes au vent, et il fait bien du vent à Pierre-sur-Haute, croyez-vous qu'il vous fût facile de les ressaisir, ces plumes ? Les unes tomberaient ici, les autres ailleurs ; les unes en Auvergne, les autres dans le Forez ; vous vous épuiseriez du matin au soir, vous ne sauriez pas même les retrouver, à plus forte raison les rattraper. Il en est de même des paroles médisantes; elles ont déjà fait bien du chemin et causé bien du dommage quand on veut revenir après et les réparer. Croyez-moi donc, n'ouvrez jamais votre bouche aux paroles de la médisance : elles font trop de mal, et ce mal, comment le guérir? Vous savez maintenant que c'est presque impossible.

Le Père Gaschon était d'une taille moyenne. Quand il vint à Ambert, sa tête était déjà entièrement chauve, à l'exception de la partie postérieure, sur laquelle descendaient quelques mèches de cheveux blancs. Il était d'un tempérament sec ; ses yeux étaient doux et expressifs ; mais, par une sorte de pudeur, il les tenait ordinairement baissés. Son organe était élevé et plein, ses manières affectueuses et attirantes, son attitude modeste, mais son geste animé.

L'homme privilégié et exceptionnel dont

j'éprouve tant de plaisir à redire l'histoire, avait toutes les vertus, celles que l'on admire et celles qui plaisent et que l'on aime. Mais c'était sous le sceau et la garde de l'humilité, sous l'œil seul de Dieu, et, autant qu'il le pouvait, dans le plus grand secret, qu'il se réservait les austérités, les jeûnes, les abstinences, en un mot, toutes les pratiques de la mortification, du détachement et de la pauvreté évangéliques, aussi bien que les exercices de la plus haute spiritualité. Voilà l'ébauche du portrait de l'homme intérieur.

Pour ce qui regarde ce que je pourrais nommer sa vie extérieure, rien ne peut mieux le peindre et le faire connaître tel qu'il fut, que le récit simple de quelques traits empruntés à cette vie si pleine et si édifiante, et qui sont encore dans le souvenir et la bouche de plusieurs. Je les ai recueillis avec soin et les rapporterai avec exactitude, comme étant, en quelque sorte, les témoins et la constatation d'une vertu particulière, sous l'inspiration de laquelle ils s'accomplissaient. Chacun de ces faits sera comme une fleur de plus qu'avec respect j'ajouterai à celles qui composent déjà la couronne de celui qui fut tout à la fois l'homme de Dieu et l'homme du Peuple. (1)

Tout ce qu'il y avait de généreux saisissait vivement son cœur, et les actes, chez lui, étaient toujours prêts à suivre les paroles. Ainsi, cette anecdote qui m'a été rapportée, me revient à la mémoire. Il sortait à peine d'une grave maladie, à peine entrait-il en convalescence, lorsque, entendant de son lit une pauvre femme qui venait à l'Ermitage, pour réclamer les secours spirituels pour son mari, qui, disait-elle, se mourait, le Père Gaschon ne consulte que son zèle, se revêt à la hâte de ses habits, et,

---

(1) *Placuit tam Deo quam hominibus.*

malgré sa faiblesse, la rigueur de la saison, se met en route pour porter, à plus d'une lieue et demie de là, les secours de son ministère. On m'a assuré aussi qu'il avait secrètement prié les domestiques de la maison de n'éveiller que lui pour les courses nocturnes.

Une autre fois, un prisonnier gravement inculpé demanda à le voir, disant que c'était pour se confesser. Dès qu'il en fut informé, le Père Gaschon n'eut rien de plus empressé que de se rendre auprès de lui. L'ayant trouvé fort triste, fort abattu, dans un cachot obscur et malsain, il ne put s'empêcher, tout en lui prodiguant les consolations et les secours que méritait sa position, de lui faire connaître combien il en était attendri. Le prisonnier, qui ne cherchait qu'à en venir à ses fins, et qui, pour cela même, ne s'était qu'à moitié découvert, profita de son émotion pour le prier de solliciter son transfert dans un endroit moins pénible à habiter,

ce que le Père Gaschon obtint après beaucoup de difficultés. Mais quelle fut sa surprise, quelle fut encore plus son affliction,
lorsqu'il apprit que son pénitent s'était évadé,
et qu'il n'avait désiré son changement de
prison que pour se ménager les moyens de
s'échapper ! Se reconnaissant coupable, ou
du moins se croyant tel, il se hâta, dans
l'intention de réparer sa faute, d'aller trouver
le magistrat du lieu, et de le supplier, ayant,
dit-il , répondu du prisonnier corps pour
corps, de le faire détenir dans l'endroit même
où avait eu lieu la première entrevue. Pressé
par les instances les plus vives, le magistrat
se vit forcé, pour en finir et pour la satisfaction personnelle du Père Gaschon, de lui
accorder ce qu'il demandait. Le bon Père fut
donc à son tour conduit dans le cachot, et y
resta quelques instants. On eut beaucoup de
peine à le déterminer à en sortir.

Par cela qu'il était bon lui-même, cet
homme de bien par excellence croyait diffi-

cilement au mal et ne le soupçonnait jamais. Cependant, comme il avait souvent entendu répéter que , dans une famille des plus considérables de la ville , on n'observait point habituellement les lois de l'abstinence , il voulut s'en assurer, afin d'adresser quelques observations fraternelles à la personne qui ne se conformait point aux prescriptions de l'Eglise. Un vendredi donc, un peu avant l'heure de dîner, il arrive à l'improviste dans la maison qu'on lui avait signalée ; il y est accueilli avec tout le respect et les égards que commandait partout sa présence, et qui étaient dans les habitudes de politesse de celui qui le recevait. Mon vénérable Père, lui dit ensuite M. X..., à quoi dois-je le bonheur de votre visite ? — A une fantaisie qui vous paraîtra passablement singulière ; je viens vous demander à dîner. — Soyez le bienvenu, Père Gaschon, soyez le bienvenu ; rien de plus heureux ne pouvait nous arriver. Seulement, je regrette d'avoir un mauvais dîner à vous offrir ; nous ne nous attendions pas à avoir un si honorable convive. La dame, présente à la conversation, demande à se retirer pendant quelques minutes pour faire mettre, dit-elle, un couvert de plus. Je ne sais si de nouvelles dispositions pour le dîner furent prises ; mais, peu de temps après, on vint annoncer que le Père Gaschon était servi. Rien sur la table ne blessa ses regards ; tout y fut, depuis le commencement jusqu'à la fin, parfaitement conforme à la lettre et à l'esprit du commandement, *Vendredi chair ne mangeras, etc.* Le bon Père était heureux, et cependant il se reprochait d'avoir cru trop légèrement à de faux rapports. Ne pouvant plus y tenir : Voyez, mon cher Monsieur, dit-il au maître de céans, on m'avait dit que vous mangiez gras le vendredi. Je l'avais presque cru ; je vous avais mal jugé ; je vous en demande pardon. J'étais venu pour vous gronder ; acceptez mes excuses avec mes sincères com-

3*

pliments. O heureuse et rare simplicité ! ô humilité plus grande encore !

A Banelle, il était *excitateur*, c'est-à-dire que c'était lui qui, chaque matin, apportait de la lumière aux autres missionnaires dans leur chambre, et les réveillait en prononçant ces paroles d'un saint usage dans les maisons ecclésiastiques, et qui sont comme une invitation et un appel à ceux à qui elles sont adressées, de diriger leur première pensée vers Dieu : *Benedicamus Domino, bénissons le Seigneur.* Les horloges de la maison pouvaient avancer, retarder, s'arrêter ; le vigilant réglementaire était d'une exactitude qui jamais ne se démentit. Il avait contracté une telle habitude de se réveiller et de se lever à la même heure, que les autres missionnaires disaient entre eux qu'on aurait pu régler aussi sûrement une montre sur le lever du Père Gaschon que sur celui du soleil. Un jour qu'à raison des fatigues extraordinaires de la veille, le supérieur avait accordé une heure de plus de repos et de sommeil à ses Missionnaires, le Père Gaschon, qui ignorait cette dérogation accidentelle et toute de circonstance à la règle, commença à faire sa tournée matinale à l'heure fixe et impitoyable ; mais le confrère qu'il a réveillé, tout d'abord lui demande si déjà il est six heures. — Non, lui répond le Père Gaschon ; heureusement, il n'est que cinq heures, vous savez bien que c'est l'heure du lever. — Comment, l'heure du lever? Aujourd'hui, nous avons une heure de plus ; avez-vous donc oublié ce que dit hier soir le supérieur? Et là-dessus il ajoute quelques paroles dans lesquelles perçait un peu de mauvaise humeur. Le Père Gaschon se confondit dans les plus humbles excuses, et alla jusqu'à se mettre à genoux pour lui demander pardon d'avoir à son insu interrompu prématurément son sommeil. Le confrère, touché de tant d'humilité, s'excuse à son tour : Oh! relevez-vous, Père Gaschon, lui dit-il, c'est moi qui devrais être à vos pieds, et il l'embrasse avec effusion, en ajoutant : Vous valez cent fois mieux que moi.

Quand ce n'était pas lui qui prêchait à Ambert, le Père Gaschon allait sur la place Saint-Jean, pour engager quelques paysans et quelques ouvriers qui s'y rassemblaient, à venir entendre le sermon; peu résistaient à ces invitations paternelles. Un d'eux, cependant, se montra récalcitrant. Le bon Père l'avait pris par le bras, et cherchait à l'entraîner en lui faisant une douce violence. Celui-ci, dans un mouvement d'irritation, donna un soufflet au saint prêtre. Mon ami, lui dit avec douceur le Père Gaschon, donnez-moi un autre soufflet, si vous le voulez, mais venez à l'église. L'ouvrier, confondu et ramené à de meilleures dispositions, entre dans l'église, et le Père Gaschon, en revenant à son confessionnal, trouve à ses pieds, fondant en larmes, celui qui lui avait fait le plus sanglant des outrages.

Ennemi des disputes et des opinions qui divisent les hommes, il eût voulu les apaiser, les réconcilier tous. Voyant les esprits de plus en plus divisés et les cœurs aigris, il disait, à ce sujet, qu'il était *bien heureux que Dieu fût meilleur que nous.* Il poursuivait le bien jusque dans le mal ; il pensait que chaque individu porte en soi un signe divin malgré les faiblesses, les vices et quelquefois les crimes qui le voilent et le défigurent. « Si Robespierre, disait-il, par un prodige d'humilité qui confond et qui prouve qu'il ne s'attribuait rien à lui-même, si Robespierre avait reçu un aussi grand nombre de grâces que le bon Dieu m'en a accordé, il vaudrait mieux que moi. »

« Tenez, répondit-il, dans une autre circonstance, à quelqu'un qui, devant lui, osait hasarder un timide éloge de ses vertus, tenez, dit-il en montrant ses lettres de prêtrise, qu'il avait fait encadrer au-dessous de son crucifix, mon compte n'est-il

pas bien terrible? Voilà les pièces sur lesquelles je serai jugé. Oseriez-vous bien me
dire que ma vie répond à la grandeur de
mes obligations? »

Pendant qu'il était occupé à une Mission,
on lui amena un homme que l'on disait être
possédé. Le Père Gaschon donna ici une
nouvelle preuve de son discernement habituel, plein de sagesse et de jugement.
Avant d'exorciser cet homme comme on
l'en pressait, il voulut l'entretenir. Le malheureux, en effet, avait vendu son âme au
démon par ses exactions, par ses usures,
par sa conduite pleine d'immoralité. Le Père
Gaschon l'engagea à réparer ses injustices,
ses déportements, lui faisant observer que,
quoiqu'il y ait eu et qu'il pût encore y avoir
des possédés, le démon, cet usurpateur de
nos âmes, n'avait, le plus souvent, d'autre
pouvoir sur nous que celui que nous lui
donnons. Le *possédé* se rendit à ces charitables et touchantes exhortations, se con-

fessa, répara ses injustices, et le pacte infernal fut rompu; il fut délivré.

Me permettra-t-on de citer un fait bien simple et qui, à cause de sa simplicité même, ne fait que mieux ressortir tout ce que l'âme de cet homme parfaitement bon contenait de trésors de douce et aimable condescendance. Il avait prêché à la Chapelle-Agnon la fête patronale de saint Côme et de saint Damien, et après vêpres il voulut aller coucher à Cunlhat chez l'un de ses vénérables confrères, son ami de cœur, le Père Marcland. On lui avait donné un jeune homme pour l'accompagner et pour ramener le cheval sur lequel on l'avait en quelque sorte forcé de monter. A quelques pas du bourg, le père Gaschon, sous son large chapeau, examina quelque temps son jeune compagnon, dont la figure des plus intéressantes respirait la gaîté naturelle à son âge, mais à travers laquelle le père Gaschon crut démêler quelque nuage. Mon ami, lui dit-il enfin en patois, en venant avec moi tu perds une bonne occasion de t'amuser, car aujourd'hui dans ta famille il y aura bien quelque petit divertissement honnête où le bon Dieu ne sera pas offensé , et dont tu ne serais pas fâché de prendre ta part. Allons, dis-moi la vérité , ton esprit n'est pas là où est ton corps. — Excusez-moi, père Gaschon, je suis bien content de vous accompagner, dit le jeune homme d'une voix assez naturelle. Le Père hocha la tête... Eh bien alors ! disons le chapelet, continua-t-il, ça te donnera de la force, et le bon Dieu achèvera le reste. Mais après la récitation en commun de cette prière, le père Gaschon descendit aussitôt de cheval, et après avoir donné une petite tape avec la main sur l'épaule du jeune homme : Va-t'en maintenant , je te remercie, je ne veux pas que tu ailles plus loin ; tu as bien prié le bon Dieu : pourvu que tu ne l'offenses pas, tu peux à présent aller t'amuser. Et sur ce, le vénérable vieillard poursuivit sa route encore bien longue, à pied et par de mauvais chemins.

Quand je connus le père Gaschon, il avait déjà franchi depuis longues années le seuil de la vieillesse, mais la puissance de ses forces morales suppléait à l'affaiblissement de ses forces physiques. Dès qu'il s'agissait d'aller offrir ou de porter les consolations de son ministère, il retrouvait toute la vigueur de la jeunesse. Que de fois, lorsqu'enfant j'agitais devant lui la sonnette qui annonçait l'approche du saint Viatique, il me faisait arrêter par compassion pour mon âge et pour la faiblesse de mes forces ! Je le voyais alors, guidé par un robuste paysan, le suivre sans hésiter, quoique aveuglé par la neige qui le fouettait au visage, et gravir courageusement nos montagnes abruptes, bien qu'il eût les pieds gonflés par la fatigue et blessés par les glaces. Quand il avait achevé de remplir son ministère de miséricorde et de réconciliation, il ne quittait jamais le village sans adresser à la foule qui l'entourait quelques paroles d'édification, quelques sérieuses réflexions sur le bon emploi de la vie si courte, si fugitive, et sur la nécessité d'avoir toujours la pensée de la mort imminente présente à l'esprit. Les assistants emportaient avec eux des pensées religieuses et graves ; ils se séparaient en silence, ou bien répétaient entre eux : *Ce que dit le saint homme est bien vrai !*

En revenant *de paroisse*, lorsqu'il en rencontrait sur son chemin, le père Gaschon avait toujours quelques bonnes paroles pour l'ouvrier occupé à son travail, pour le laboureur qui cultivait son champ. Souvent il entrait dans les maisons les plus humbles, s'asseyait sur le siége du pauvre, l'entretenait de sa famille, de ses travaux, de son âme. Aussi on se ferait difficilement une idée de la popularité dont jouissait le saint prêtre. Objet de la vénération publique, partout où il allait il en recevait les témoignages les plus touchants.

Après les fêtes de Pâques, toujours *en vertu de l'autorisation qu'il avait reçue de Monsieur le curé*, il faisait une tournée générale dans la paroisse. Il savait déjà qui avait rempli son devoir et qui non ; il félicitait les plus diligents, pressait les traînards, poursuivait les fugitifs. Un coup d'œil rapide dans l'appartement lui apprenait si un crucifix était appendu à la muraille, si une image de la sainte Vierge était près du chevet, si le bénitier rempli était là avec la branche de buis du dimanche des rameaux ; il ne dédaignait pas de descendre à ces petits détails par où se manifeste et s'alimente la foi dans les familles.

J'ai eu le bonheur de recevoir ses enseignements religieux dans mon enfance, et d'être préparé par lui à la première communion. C'était dans les humbles fonctions de catéchiste qu'éclatait sa merveilleuse aptitude et, si je puis le dire, son habileté. Comme sa manière était expansive et affectueuse ! Comme elle faisait chérir l'obéissance et confondait dans un sentiment unique le respect et l'affection ! Il cherchait à infiltrer dans nos âmes goutte à goutte l'amour de Dieu. Il se faisait petit avec nous pour que nous pussions l'entendre mieux, et employait des comparaisons tirées de nos habitudes et de nos idées. Qui de nous n'a pas encore présentes à la mémoire et gravées dans le cœur en caractères ineffaçables les allocutions tour à tour touchantes et pathétiques qu'il nous adressait sur le malheur d'une communion indigne, sur le bonheur de faire une bonne première communion ? Et quels moments lorsque cet acte s'accomplissait ! O jours de douce joie, d'ineffable allégresse, première halte dans la vie sous la tente du seigneur où il nous a nourris de son corps, de son sang, de son âme, de sa divinité ! O jours qui nous rappelez toutes les joies de la famille, de notre père, de notre mère, de nos frères, de nos sœurs, de tous ceux en un mot dont l'existence semblait tenir à la même tige ! Et cette véritable fraternité de cœur et d'âme qui était visible pour nous, nouveaux convives à la table du Dieu qui appelle à lui sans distinction les enfants, et qui se reproduisait dans un festin de famille où l'enfant du pauvre, de l'ouvrier, était assis à côté de l'enfant du riche ! Oh ! que tout cela était beau ! Oh ! que tout cela était touchant lorsque le père Gaschon nous l'exprimait et nous en faisait sentir tous les charmes ! Il y a longtemps que cette voix s'est tue, et il me semble l'entendre encore, *adhuc defunctus loquitur*, et je me surprends, non sans émotion, répétant tout bas *un nom béni*. Oh ! comme nos larmes coulaient, quand de notre part il demandait pardon à nos parents, quand il les suppliait de prier pour nous ? Et cette scène attendrissante, qui de nous aurait pu l'oublier, lorsqu'il nous plaçait sous la protection de la mère de Dieu, cette divine patronne des enfants et des mères, pour laquelle il avait une si tendre dévotion? Et quand enfin, au moment de nous quitter, il s'écriait, en s'adressant à Dieu, avec l'accent de l'âme et de la piété : « Seigneur, je remets aujourd'hui entre vos mains ces enfants à qui je me suis efforcé de faire connaître et de faire aimer leur Père céleste. J'ai achevé, s'il est permis à moi pécheur de me servir de vos paroles, j'ai achevé l'ouvrage que vous m'avez confié. Je les aime de tout mon cœur, ces chers enfants, et voudrais en être aimé ; mais qu'ils m'oublient, pourvu qu'ils se souviennent des instructions qu'ils ont reçues. Oh ! qu'ils manquent de reconnaissance envers moi, pourvu qu'ils n'en manquent jamais envers vous ! Préservez-les du péché... Plutôt qu'ils perdent leur innocence, prenez ma vie, je la donnerai volontiers pour le bonheur et le salut de chacun d'eux. » Et le front apostolique du saint vieillard semblait briller d'une double auréole, celle du

martyre de la charité et de la tendresse, au-
devant duquel allaient si ardents et si sincères tous les vœux de son cœur.

Cependant le père Gaschon était entré dans
sa quatre-vingt-quatrième année. Aucune
infirmité notable ne l'avait atteint, et il
jouissait de toutes ses facultés : on eût dit
que celles d'aimer et de consoler les pauvres,
d'aimer et d'instruire les enfants se mon-
traient plus actives et plus pleines d'effusion.
Un jour, néanmoins, c'était le **27** novembre
1815, ne se trouvant pas dans son état tout
à fait ordinaire, il fit connaître qu'il croyait
sa fin prochaine ; la journée n'en fut pas
moins très utilement employée à peu près
comme de coutume. Les pauvres, ces bien-
aimés de Jésus-Christ, qui étaient aussi les
siens, excitèrent tous ses soins et remplirent
tous les moments qu'il ne donna pas à la
prière. Des signes et des syptômes bien alar-
mants ne se montrèrent que dans la nuit.
Aussitôt tout s'agite, tout est en alarme ; ses

commensaux de l'hôpital pleuraient déjà leur ami, leur bienfaiteur, leur père ; mais tandis que toute la maison déplorait la perte irréparable qu'elle allait faire, le vénérable malade paraissait heureux et tranquille : les approches de la mort ne réveillaient en lui que de douces et saintes espérances. « Je n'ai pas pu faire du bien à cette maison de mon vivant, mais je tâcherai de lui en faire après ma mort, dit-il aux religieuses qui, éplorées, étaient aux pieds de sa couche funèbre. Pour vous, ajouta-t-il, ne cessez jamais d'espérer en celui qui ne trompe jamais en ses promesses. » On lui porte en toute hâte le Saint-Viatique qu'il reçoit avec une ferveur qui opère un redoublement de foi dans tous les esprits, et allume le feu de l'amour divin dans tous les cœurs. Puis il se recueillit et passa ses derniers moments seul avec son Dieu, sans doute dans la méditation de ses vérités éternelles, dans l'attente de sa miséricorde, dans l'avant-goût de sa possession. Le lendemain, à 4 heures du matin, plein de mérite devant Dieu et devant les hommes, il avait quitté la terre pour aller chercher sa récompense au séjour immortel.

Le bruit de sa mort se répandit bientôt dans toute la ville, dans toute la paroisse, dans toutes les paroisses du voisinage, et y produisit une affliction profonde ; ce fut un deuil général et public dans tout le Livradois. Aussitôt, toutes ces populations s'émeuvent, toutes se lèvent spontanément ; on accourt de toute part malgré la pluie et le froid pour rendre les derniers devoirs et les derniers hommages à celui qu'on glorifie déjà hautement du nom de saint. Nulle voix discordante, nulle censure même indirecte dans ce concert unanime d'éloges et de bénédictions ; c'est bien ici que la voix du peuple était celle de Dieu. Les passions politiques elles-mêmes firent silence devant le tombeau de celui qui n'avait eu d'autre politique que la charité pour tous, et qui semblait n'avoir appartenu à la terre que par le bien dont il avait marqué tout son passage. Jamais pareille affluence n'avait eu lieu. Aux manifestations les plus éclatantes de douleur et de regret, succède tout à coup une sorte de frémissement et d'enthousiasme au milieu de cette foule d'abord respectueuse. Les vêtements du défunt, ses habits sacerdotaux, les moindres objets qui avaient servi à son usage, tout fut précipitamment coupé, morcelé et distribué à la multitude qui se les arrachait. Bientôt on répand le bruit que la paroisse d'Olliergues s'est levée en masse pour réclamer les dépouilles mortelles de son ancien vicaire. Une garde est placée près de la bière, et M. l'abbé Molin, curé de Job, vicaire général du diocèse, mort depuis évêque de Viviers, M. de Rostaing, curé d'Ambert, se relèvent pour veiller jusqu'au lendemain sur le dépôt de ces précieuses dépouilles.

On avait obtenu la permission d'enterrer le Père Gaschon dans la chapelle de l'hôpital.

Celui qui avait vécu pauvre, qui était mort pauvre, voulut être enseveli au milieu des pauvres (1). Ce trésor devait aussi être confié à votre garde, saintes et zélées hospitalières. La flamme des nobles dévoûments, des généreux sacrifices, qui embrase votre âme, se rallume tous les jours au feu de la charité qui avait embrasé et consumé son cœur.

Et maintenant, quelle vie plus faite pour orner les annales de la vertu? Quelle vie que celle qui, pour exciter l'admiration, n'a pas besoin d'être revêtue d'un éclat étranger, et qui ne perd rien de son lustre, quoique exposée avec la simplicité de la plus humble des narrations!

Les cendres du Père Gaschon furent déposées dans la chapelle de l'hôpital d'Am-

____

(1) *Pauper vixi, pauper morior, inter pauperes sepeliri volo.* A qui cette épitaphe pourrait-elle mieux convenir qu'à celui dont on vient de lire l'histoire?

bert, en un caveau pratiqué à cet effet devant l'autel. Ce fut un spectacle émouvant et plein de grandeur, une scène imposante, lorsque au milieu d'un nombreux clergé, de toutes les autorités de l'arrondissement réunies, d'hommes de toutes les classes de la société, la terre recouvrit ce qui restait de périssable du saint missionnaire. On ne pleurait plus : chacun éprouvait le besoin de l'invoquer comme un bienheureux ! A gauche du caveau où fut déposée la bière et à peu de distance, fut placé un monolithe en marbre noir, adossé à la muraille, sur lequel est écrite en lettres d'or l'inscription que voici :

CI GIT

FRANÇOIS GASCHON, PRÊTRE,

ANCIEN MISSIONNAIRE,

DÉCÉDÉ DANS CET HOSPICE

EN ODEUR DE SAINTETÉ,

LE 28 NOVEMBRE 1815,

AGÉ DE 83 ANS.

La chapelle où reposent ses cendres, est l'objet de continuels pèlerinages ; on y vient de tous les lieux d'alentour et même des provinces voisines. La commune renommée a maintes fois publié les merveilles qui s'opèrent sur son tombeau, *et l'a déjà rendu glorieux ;* maintes fois aussi une reconnaissance pleine de ferveur a consacré le souvenir des secours surnaturels obtenus par l'intercession de ce favori de Dieu, en y déposant de nombreux *ex voto.*

Et pourquoi le don de miracles ne serait-il pas accordé à celui dont la vie tout entière fut un miracle continuel de mortification, de pauvreté volontaire, de charité qui s'oublie et qui s'immole ? Quel autre mérita mieux que lui d'être l'instrument de la miséricorde et de la puissance divines envers ses frères ? Pourquoi ne lui serait-il pas donné après sa mort de faire du bien à ceux qu'il avait tant aimés lorsqu'il était sur la terre ? Pour moi, je crois le voir au lieu des splendeurs célestes avec cette douce majesté qu'imprime aux fronts immortels le reflet de la face divine, puiser dans cette fournaise d'amour un redoublement de charité pour les pauvres, pour les infirmes, pour les malades! Chose remarquable en effet, c'est sur cette classe souffrante et délaissée, à laquelle, comme Jésus-Christ, il avait donné une préférence visible dans le temps de son terrestre apostolat, que le Père Gaschon a versé pour ainsi dire les prémices de ce pouvoir céleste qu'un grand nombre de faits nous autorisent à lui attribuer. Un de ses miracles les plus irrécusables et qui en est aussi le premier, ne se révèle-t-il pas dans l'accomplissement de sa promesse suprême : *Je n'ai pas pu faire du bien à cette maison de mon vivant, je tâcherai de lui en faire après ma mort?* Et on sait en effet que ce vœu et cette promesse se réalisent tous les jours pour la gloire de Dieu, pour la glorification de son serviteur, pour l'avantage

temporel de l'hôpital, qui puise des ressources si abondantes et si nécessaires à la mul-
tiplicité de ses besoins, dans les dons, les
aumônes de ces pieux et nombreux visiteurs
qui affluent de toute part au tombeau de
l'homme de Dieu (1).

Parmi une infinité d'autres faits de même
nature et qui proclament et consacrent les
faveurs de la puissance divine obtenues par
l'intercession du père Gaschon, j'en citerai
un qui me paraît tellement authentique que
devant lui doit s'évanouir l'incrédulité la
plus défiante et la plus soupçonneuse. Cet
événement merveilleux, disons le mot, ce
miracle, car pourquoi employer des circon-
locutions plus ou moins timides à l'usage
du respect humain et qui sembleraient demander grâce au lecteur? m'a été rapporté

---

(1) Nous en trouvons la preuve dans le travail si
remarquable exécuté par **M. d'Amarzit**, receveur
des finances à Ambert, avec autant de zèle que de
désintéressement.

par le docteur Perrot, juge de paix et médecin
à Saint-Anthême, homme grave, instruit et
témoin oculaire. Je le laisse parler avec la
double autorité que lui donnent son caractère et la spécialité de sa science :

« Marie Tronel, du lieu de Cherget, commune de Saint-Anthême, âgée de 18 ans,
d'un tempérament lymphatique et sanguin,
n'avait eu depuis plusieurs années qu'une
mauvaise santé. Dans le courant du mois de
février 1849 nous fûmes appelé à lui donner
nos soins. Sa position était grave; nous ob-
servâmes ce qui suit : malaise et douleur à
l'épigastre, qui ne pouvait supporter la moindre pression; — douleurs intestinales très-
vives; — langue rouge sur les bords et à sa
pointe couverte d'un enduit blanchâtre; —
pouls tendu, fréquent; — perte complète
de l'appétit, nausées, vomissements par suite
de l'ingestion de la partie la plus minime de
substance alimentaire. Ces symptômes,
joints aux signes commémoratifs, nous firent

reconnaître une gastro-entérite passée à l'état chronique. Nous donnâmes à la malade tous les soins que réclamait son état, mais tout fut inutile. Sa position devint plus mauvaise encore , les symptômes augmentèrent considérablement ; quelque temps après les idées s'embarrassèrent, la tête devint pesante , elle éprouva de l'accablement, de la somnolence, de la répugnance pour le mouvement ; les yeux de la malade se fermèrent pour ne plus se rouvrir jusqu'au jour de la guérison.

» Au bout de quelques mois, nous remarquâmes des changements plus graves encore : la langue rétrécie était devenue tremblante , le pouls plus petit, plus fréquent ; la face jaunâtre et ridée ; la maigreur devint excessive ; il ne fut plus possible de faire prendre à la malade qu'un peu de petit lait ; elle devint triste, abattue, sujette à des hallucinations, à des erreurs de jugement ou autres troubles des fonctions mentales. Les accidents nerveux se prononcèrent de plus en plus , la tête éprouva un mouvement continuel, une espèce de balancement qui ne cessa que le jour de la guérison ; la faiblesse était extrême.

» Une ascite se manifesta , elle fit des progrès rapides, mais sans prendre néanmoins un volume tel que la ponction fût nécessaire. Un des membres inférieurs devint très volumineux , parut enflammé et se couvrit bientôt de taches violacées ; l'autre resta dans son état naturel, mais froid et glacé. La face s'altéra , prit une teinte cadavéreuse , enfin la malade fut considérée comme irrévocablement destinée à une mort prochaine et par nous et par tous nos confrères appelés. Elle demeura dans cet état jusqu'au **12** avril 1850. Ce jour-là nous fûmes mandé auprès d'elle en toute hâte : elle venait d'éprouver une attaque qui avait paralysé le côté droit et lui avait enlevé le peu de connaissance qu'elle avait par intervalle seulement conservée jusque-là. Elle se maintint encore sans mouvement à raison de la paralysie, sans parole, sans connaissance, ne prenant que quelques gouttes de petit lait jusqu'au 27 mai suivant. A cette époque ses parents prirent une résolution extrême. On avait remarqué que dans tout le cours de sa maladie, et quand elle avait sa connaissance, elle avait manifesté l'intention de se faire conduire à Ambert sur la tombe du Père Gaschon. Ces manifestations devenaient plus pressantes aux époques où elle était administrée (elle l'avait été trois fois). Pour n'avoir pas à se reprocher une opposition à ce vœu, au risque de la voir périr en route, les parents la mirent dans une voiture et partirent pour Ambert.

» Que s'est-il passé soit au départ, soit à Ambert ? Nous ne le dirons pas, parce que nous ne l'avons pas vu, mais nous ajouterons que le lendemain nous avons revu la malade jouissant de toutes ses facultés, même de celle de la locomotion , allant , venant , mangeant , parlant , manifestant sa joie , et à part un peu de faiblesse radicalement guérie. Nous l'avons revue souvent depuis cette époque ; sa santé s'est parfaitement soutenue.

» Comme tant d'autres , en présence de ce fait nous nous sommes arrêté d'étonnement, nous en avons recherché la cause, nous livrant à de sérieuses réflexions ; nous avons pris du temps pour cela , laissant passer sans y prendre part le premier moment d'enthousiasme populaire... Nous nous sommes d'abord demandé si nous ne pourrions pas attribuer cette cause à la confiance de la malade , mobile puissant dont nous ne contestons nullement l'influence sur l'ensemble de l'organisation ; mais nous avons abandonné ce terrain devant un résultat si rapide, si exagéré , alors que la malade avait à peine la conscience qu'elle existait , puisque l'organe de la pensée avait perdu toute son énergie.

» Nous nous sommes encore demandé si, fortement prévenu, nous ne serions pas dupe nous-même d'une de ces illusions qui saisissent l'esprit du vulgaire, se passionnant pour tout ce qui est merveilleux ; mais il a fallu se rendre à l'évidence, car dans ce que nous avons vu, l'illusion n'était possible à personne, non seulement au médecin, mais encore à l'esprit le plus rebelle et le plus disposé à douter de ce qui se passe autour de lui.

» Enfin nous avons interrogé la science médicale. Des études sérieuses, une pratique longue et soutenue nous ont mis à même de connaître à peu près tout ce qu'elle a pu jusqu'à ce jour apprendre aux hommes, et nous le déclarons avec la plus entière conviction, nous n'y trouvons rien qui, dans l'état actuel de la science, puisse nous rendre raison d'un pareil événement.

» Que s'est-il donc passé ? Nous ne le savons pas. Que la philosophie qui sait tout nous donne une explication satisfaisante, qu'elle cherche en elle-même, et si elle ne trouve pas, il faudra bien conclure que Dieu a pour les hommes des secrets que leur intelligence ne pourra jamais pénétrer.

» Signé : PERRET, *docteur médecin.* »

Après un rapport si net et si concluant, qui prévient ou qui résout toutes les objections, nous n'ajouterons que quelques mots qui renferment nos vœux et nos espérances. Puisse Dieu, *qui a pour les hommes des secrets que leur intelligence ne saurait pénétrer,* nous les révéler lui-même de plus en plus dans la puissance d'intervention auprès de lui accordée à notre saint compatriote ! Puisse la juste reconnaissance de ceux qui obtiendraient par son intermédiaire de nouvelles faveurs les faire connaître et les publier hautement ! Puisse enfin un jour l'Église, qui seule a la mission de reconnaître et de constater les véritables merveilles de la sainteté, après avoir pesé, comme elle le fait toujours, dans la balance du plus sévère examen, les miracles attribués au Père Gaschon depuis le moment de sa mort, trouver de justes et suffisants motifs pour placer l'auréole sur son front, proposer sa mémoire à la vénération des siècles et lui décerner un culte public ! Nous le répétons, ce sont nos vœux, ce sont nos espérances.

NOTES

Trouvées dans les Papiers

DU PÈRE GASCHON [1].

CRAINTE DE DIEU.

> Craignez celui qui peut perdre
> l'âme et le corps.

Que craignez vous si vous ne craignez un Dieu, un Dieu irrité, un Dieu vengeur, un Dieu qui peut vous perdre et vous anéantir? Vous craignez ces tonnerres qui font retentir l'air d'un bruit épouvantable, et ces tonnerres ne sont que la voix de Dieu. Vous

[1] Ces passages, ornés de ce qu'il y a de plus beau, ou plutôt de ce qu'il y a de plus divin dans les Ecritures, me semblent des modèles du genre. Quelques-uns peuvent être mis à côté de l'exorde célèbre du père Bridaine, rapporté par l'abbé Maury.

craignez de voir ces flammes volantes, ces éclairs qui brillent sur vos têtes, et ces éclairs ne sont que les regards de Dieu ; vous tremblez avec les arbres et les maisons, lorsque les vents agitent la terre et semblent vouloir l'enlever de ses fondements, et les vents ne sont que le souffle de Dieu... Vous craignez l'épée, et vous ne craignez pas celui qui la porte et qui s'en sert... Vous craignez les vents, les tonnerres, les foudres, les éclairs, les tempêtes, et vous n'avez point de crainte pour celui qui fait mouvoir tout cela comme il l'entend et comme il le veut. — *Craignez celui-là*..... Vous avez tant de crainte et d'appréhension pour les hommes qui sont puissants et cruels.... L'on tremble en leur présence comme la feuille sur l'arbre, l'on se courbe devant eux comme la ligne d'un pêcheur, l'on violente sa nature et ses inclinations, l'on souffle le froid et le chaud d'une même bouche, l'on commet dix mille crimes et dix mille lâchetés de peur de leur déplaire, et l'on ne craint pas Dieu qui peut nous anéantir et nous précipiter tous dans l'enfer! *Craignez celui-là.*

Les enfants prennent toute espèce de précautions, usent de mille prévenances, de peur qu'en perdant les bonnes grâces de leur père, ils ne perdent son héritage. Cet ami trahira son Dieu et sa conscience de peur d'offenser son ami, ce serviteur sera un flatteur, un menteur, un médisant, de peur de fâcher son maître, et l'on ne craint pas Dieu, qui peut nous priver à jamais de sa gloire et de son héritage éternel, et qui peut nous chasser de son service et nous mettre hors de sa maison !...

LE PÉCHÉ.

Ceux qui disent que le péché n'est rien, disent mieux qu'ils ne pensent, puisque la théologie le qualifie de ce nom, et ne lui donne point d'autre essence que celle du néant ; et à vrai dire non-seulement le péché est un néant , mais encore il détruit celui qui le commet et le réduit au néant.

C'est la raison qui est le caractère de l'homme, c'est elle qui le distingue des bêtes et qui le fait être homme ; et comme le péché combat et détruit la raison, il détruit la nature de l'homme et le réduit à la lamentable condition des bêtes. Quel funeste changement, s'écrie saint Bernard , de voir celui dont le trône était élevé sur la tête des animaux, descendre et venir se mêler au milieu d'eux ! Le péché, *ce rien*, anéantit l'illustre nature de l'homme, et la dépouille de ses plus riches ornements. Il anéantit la grâce, cette précieuse qualité, puisque ses accidents étant chassés de leur sujets, ils sont obligés de périr, leur nature ne leur permettant pas de passer d'un sujet dans un autre. Il détruit toutes les vertus, tous les dons du Saint-Esprit, tous les mérites, toutes les richesses de la vie passée. Oui , pécheur, lorsque **tu** vivais sans péché , tu avais fait un grand nombre de bonnes et de louables actions : tu avais jeûné tant de fois, tu avais donné tant d'aumônes, tu avais fait dire tant de messes , tu avais fait tant de prières et d'oraisons ; voila que tu commets un péché mortel, tout cela est perdu pour toi , si tu meurs en cet état déplorable ; tout cela est perdu pour toi , parce que le péché perd tout, détruit tout, anéantit tout. Il prive de la vie morale, qui consiste en la possession des vertus ; il prive de la vie surnaturelle, qui consiste en la grâce et en la gloire... Que de privations ! Que de destructions ! Que d'anéantissements ! Est-ce étonnant si Dieu va chercher l'homme dedans l'homme, et s'il méconnaît cet ouvrage qui ne fait que sortir de ses mains ? *Adam, où es-tu ?* Et ne le voyez-vous pas, Seigneur, tout pâle et tout tremblant sous les branches de ce figuier ? Non, ce n'est pas Adam ; Adam est un homme, et voila une bête ; Adam est une créature, et voila un rien ; Adam est une image de la divinité, et voila l'image du péché... Dieu ne voit pas Adam parce que Adam n'est plus ce qu'il était : c'est un rien, c'est un néant. Le péché l'a dépouillé de son être, il l'a anéanti.

Reconnaissance envers Dieu, à raison des grâces particulières qu'il nous a accordées.

HUMILITÉ.

Que si Dieu vous a aimé jusque-là, qu'il ait détourné toutes les pierres de votre chemin, qu'il ait permis que vous ne soyez pas tombé, ou s'il l'a permis, qu'il vous ait redressé, et après vous avoir redressé qu'il vous tienne par la main, et vous empêche de retomber, ne vous enorgueillissez point de cette faveur, ne méprisez point dans votre

cœur ceux qui font des fautes et s'abandon-
nent au péché, car un homme ne fait rien
qu'un autre homme ne puisse faire, s'il
n'était assisté de la grâce de celui qui s'est
fait homme pour sauver les hommes. N'est-
ce pas ce qui faisait entrer saint François
dans des humiliations extrêmes, se disant le
plus grand de tous les pécheurs, non pas
qu'il le fût véritablement, mais parce qu'il
l'eût été si Dieu lui eût fait le même traite-
ment qu'au plus abandonné de tous les
hommes? C'est ce qui ouvrait la bouche à
saint Augustin aux remerciements continuels, considérant les malheurs d'autrui
comme des faveurs qui lui étaient faites.
C'est ce qui faisait que saint Anselme et
saint Bernard regardaient les tentations des
autres, leurs chutes, leurs péchés comme
des rochers et des précipices qu'ils avaient
eux-mêmes évités, non par leur adresse,
mais par la conduite miséricordieuse de
Dieu à leur égard,

Justice, Miséricorde, Pénitence.

Dieu a trois grands royaumes où il exerce son infini pouvoir : le ciel, la terre et les enfers... La miséricorde sans la peine fait le paradis des bienheureux ; la peine seule, qui est un effet de justice sans miséricorde, fait l'enfer des réprouvés... Joignez les deux ici-bas en terre, faites que la miséricorde du ciel et la justice de l'enfer se rencontrent, s'embrassent, ce sera par la vertu de ce que nous appelons pénitence, que s'établira l'autre royaume de Dieu sur la terre... La pénitence est donc le sacré milieu, le centre et le nœud adorable qui lie la justice avec la miséricorde, afin de produire le salut de nos âmes. Car prenez-y garde, la peine de soi-même est stérile et inféconde, ne faisant que du mal. La justice punitive ou vindica-tive ne l'est pas moins, puisque, n'étant appuyée que sur la faute, elle ne va qu'à la punition. Donc la justice et la peine, soit unies, soit séparées, ne peuvent produire que du mal. Au contraire, la miséricorde est cette huile divine qui, répandue sur la peine que nous souffrons en cette vie, la vivifie, la rend méritoire et salutaire. Si vous joignez la miséricorde à la justice, elle la désarme. Elle ôte des mains de Dieu les foudres et la vengeance, pour y mettre les récompenses de la grâce et les couronnes de la gloire.

Ce qui est si vrai, que si par impossible, dans le cours ordinaire de la Providence, une goutte, oui, une goutte de cette huile divine mêlée avec le sang de Jésus-Christ, tombait même dans les enfers, elle éteindrait à l'instant ces flammes dévorantes. — A quoi j'ajoute que, tout ainsi qu'est le déplorable état de la damnation, la justice vengeresse se lie et s'arrête non pas tant sur le péché, comme sur la continuation et sur l'endurcissement dans le péché, que les damnés ne rétractent jamais. De même dans le divin ouvrage de la pénitence, la miséricorde s'attache et s'arrête principalement sur la douleur véritable, sur le repentir, enfin sur le désir sincère et efficace que l'on a de sortir du péché.

De là il arrive que la justice vindicative est éternelle dans les enfers, et qu'elle n'est que passagère sur la terre. Pourquoi? parce que la justice trouve dans les enfers une impénitence finale. Elle y rencontre une continuation éternelle de crimes, de rages, de fureurs et de blasphèmes. Le péché y est accompagné d'une peine, mais sans amendement. Ces malheureux sont châtiés, mais ils ne sont pas corrigés. En un mot, la même peine qui damne les réprouvés, n'étant liée qu'avec la justice de Dieu, c'est la même qui amende les prédestinés, étant attachée à sa miséricorde. Si donc, ô pécheurs! par l'interruption de vos vices et par la discontinuation de vos crimes, vous devenez pénitents, alors vous faites par ce moyen l'heureuse alliance de la justice et de la miséricorde, qui se rencontrent en vos peines. Et alors, alors l'abîme de votre misère attire celui de la divine miséricorde, laquelle, pour ce sujet, David invoque dès l'entrée de sa pénitence.

Justice et colère de Dieu.

Qui connaît la puissance de votre colère? Quelle est l'imagination assez forte, quel est l'esprit si pénétrant, quelle est la bouche d'airain, la langue de feu, la voix de tonnerre, qui pourra dignement expliquer la grandeur de la colère de Dieu? Ne la connaissez-vous pas, Lucifer, vous qui êtes le premier criminel?.. Ne la connaissez-vous pas, Anges rebelles, esprits superbes et orgueilleux, qui brûlez depuis tant de siècles sans pouvoir être consumés? Ne la connaissez-vous pas, Adam, auteur infortuné de tous nos malheurs, qui avez été réduit à une honteuse servitude après avoir été dépouillé de tous les ornements que la justice originelle vous avait donnés ? Ne la connaissez-vous pas, Noé, qui lui vîtes ouvrir toutes les écluses de l'air et de la mer, pour noyer toute la terre ? Superbe Égypte, ne la connais-tu pas ? Ne l'as-tu pas vue courir toutes tes villes et tes habitations, l'épée exterminatrice d'une main, et de l'autre semant les dix plaies dont une seule suffisait pour ta ruine ? Ne la connais-tu pas, Nabuchodonosor, toi qu'elle a chassé de ton palais comme une bête sauvage ? Toi, Balthasar, ne la connais-tu pas aux caractères qu'elle trace, et devant lesquels tu demeures glacé d'effroi ? Saül, toi à qui elle a arraché la couronne et la vie, ne la connais-tu pas ? Ne la connais-tu pas, infortuné Sédécie, qui la vis dans les prisons de Babylone égorger trois ou quatre petits rois, tes enfants, à tes yeux, qu'elle t'arracha aussitôt après pour t'empêcher de ne plus rien voir de consolant et d'agréable?... *Qui connaît la puissance de votre colère?* Personne, personne ne la connaît, ni Sédécie, ni Saül, ni Balthasar, ni Nabuchodonosor, ni Sodome, ni l'Égypte, ni Noé, ni les anges rebelles, ni Lucifer : personne ne saurait la concevoir. Le sang d'Égypte n'est pas assez rouge pour la dépeindre, les feux de Sodome ne sont pas assez brûlants pour en donner une idée, la bouche de l'enfer est trop petite pour la raconter, l'esprit de l'homme n'est pas assez puissant pour la concevoir, et les siècles sont trop courts pour la considérer; il n'est que l'éternité, il n'est que l'éternité malheureuse qui nous puisse apprendre qu'est-ce qu'un Dieu courroucé, qu'est-ce que la colère de Dieu, qu'est-ce que la vengeance de Dieu, qu'est-ce que la justice de Dieu. Après cela l'on se flattera d'une vaine espérance, l'on dira que Dieu est bon, que Dieu est bon et qu'il ne sait pas ce que c'est que de punir.

LA MORT.

> Cette nuit, ils te demanderont ton âme !

La mort, ce sergent du parlement de Dieu, ne te demandera pas une fois seulement ton âme, mais après qu'il te l'aura ravie, il te la demandera encore, comme si tu avais autant d'âmes que tu as de diverses affections; et après l'avoir donnée une seconde fois, il te la demandera encore une troisième, et la mort ne cessera point de te la demander qu'elle ne l'ait séparée de tout ce qui te retient ici bas. O mort! que tu es cruelle, que tu es dure pour un homme que l'avarice, la volupté et les autres passions tiennent attaché à la vie! Que tu es amère à ceux qui n'ont goûté que les douceurs et les plaisirs du monde, que tu es dangereuse puisque tu engloutis toutes les espérances des pécheurs!.... Ne voyez-vous pas comme il étend ses mains sur son lit, comme il va cherchant, comme il va ramassant? Que cherchez vous, pauvre agonisant, que cherchez vous sur ce lit? Hélas! je cherche cet argent, ces richesses qui m'ont coûté tant de sueurs à amasser, tant de soins à conserver, tant de regrets à quitter. Je vois la mort qui les emporte, qui confisque tous mes biens, tous mes héritages. O Dieu! ne rentrerai-je jamais dans cette maison où j'ai reçu tant de contentement?.... Voyez-vous comme il tire ce linceul qui le couvre, comme il le tient dans ses mains? Il craint que la mort ne l'emporte avec tout le reste. Eh bien! pauvre malheureux, tu l'auras, la justice de Dieu te fait cette grâce, tu auras ce peu de toile pour te couvrir. Tu te désespères dans ce lit de quitter ta maison? laisse faire ton juge: il t'en donnera une, quatre planches et cinq ou six clous. Tu n'as plus de possessions? laisse faire, on t'en donnera une, six pieds de terre dans un cimetière.

Oh! quelle possession que six pieds de terre! Oh! quelle maison qu'un cercueil! Oh! quel ameublement qu'un peu de toile! Oh si le monde y pensait! que l'on n'emploierait pas ses soins à amasser des biens qui ne sont capables que de donner de la peine et de la douleur!

Les pages suivantes ont été ajoutées à notre publication par M. l'abbé Blazin, supérieur des Missionnaires du Diocèse; elles sont extraites du *Missionnaire*, ouvrage du père Déat, troisième supérieur de Banelle, con-temporain du père Gaschon. Nous nous dispenserons de faire ressortir le mérite et l'utilité de ces méditations, écrites dans un style simple pour qu'elles fussent à la portée du plus grand nombre, mais où l'on découvre, outre une connaissance approfondie de la religion et des saintes Ecritures, une grande richesse de pensées fortes et pénétrantes, une fécondité de sentiments pleins d'onction, qui ne peuvent avoir leur source que dans une haute et fervente piété, et qui sont bien propres à la faire naître et à l'entretenir dans le cœur des fidèles. Nous nous bornerons donc à dire que le père Gaschon admirait ces méditations, qu'il en faisait un usage habituel et en recommandait fréquemment la lecture (1).

---

(1) **Note** de l'auteur de la *vie du Père Gaschon.*

DE LA MÉDITATION ET ORAISON.

Un des moyens les plus efficaces pour éviter le péché et pratiquer la vertu, c'est la Méditation. Toute la terre, disait le prophête Jérémie, ch. 12, est dans une extrême désolation, parce qu'il n'y a personne qui pense et qui réfléchisse sérieusement : les biens et les plaisirs du monde emportent toutes nos réflexions ; nous n'en faisons presque aucune sur les plaisirs et les biens immenses de l'Eternité.

Cependant rien de plus nécessaire pour le salut, et même rien de plus facile ; il ne faut pour cela ni un grand esprit, ni beaucoup de science, il ne faut qu'un peu de bonne volonté : les personnes les moins éclairées en sont aussi capables que les plus grands génies.

Ne manquez donc pas tous les jours, ou au moins toutes les fêtes et les dimanches, de faire, pendant une demi-heure, quelques réflexions sur les Mystères de notre Religion, sur les vertus qui nous sont les plus nécessaires, ou sur les vices qui sont le plus à craindre : voici comment il faut s'y prendre.

L'Oraison mentale ou Méditation est une élévation ou application de notre esprit et de notre cœur à Dieu, pour lui rendre nos devoirs, lui demander nos besoins, et en devenir meilleurs pour sa gloire.

L'Oraison a trois parties : la préparation, la considération ou corps de l'oraison, et la conclusion. Il y a deux sortes de préparations, l'éloignée et la prochaine : l'éloignée consiste à mortifier ses passions et à veiller sur ses sens ; autrement on est si dissipé, qu'on ne saurait bien prier.

1. La préparation prochaine demande qu'on fasse un Acte de Foi sur la présence de Dieu, et qu'on l'adore, après avoir dit : *Bénie soit à jamais la très-sainte et adorable Trinité !* On peut ajouter :

Grand Dieu ! je vous adore ici présent : je vous y reconnais pour mon Dieu et mon souverain Seigneur ; je m'unis à tous les respects et hommages que vous rendent les neuf chœurs des Anges et tous les Saints.

2. Il faut faire un Acte d'Humilité, en vous reconnaissant indigne de paraître devant Dieu, à cause de votre bassesse et de la multitude de vos péchés. Vous pouvez dire :

O mon Dieu ! que suis-je pour m'entretenir avec vous ? Hélas ! je ne suis que cendre et poussière, qu'une misérable créature qui me suis révoltée mille et mille fois contre vous par mes péchés. Ah ! j'en ai un véritable regret, pardonnez-moi, s'il vous plaît.

Alors on dit le *Confiteor*, en français ou en latin.

3. Il faut prier notre Seigneur Jésus-Christ qu'il offre lui-même notre Oraison à son Père, afin qu'il daigne l'exaucer. On peut dire :

Mon Sauveur Jésus-Christ, c'est en votre nom et en union avec vos prières, que je viens faire celle-ci ; présentez-la vous-même à votre Père, et donnez-moi votre divin Esprit pour la bien faire. *Veni Sancte Spiritus ;* ou, Venez, Esprit Saint, éclairez mon esprit de vos lumières, et embrasez mon cœur de votre divin amour.

On peut ajouter : Sainte Vierge Marie, mon Ange tutélaire, mes saints Patrons, priez pour moi, et obtenez-moi la grâce de faire mon oraison avec l'humilité et la ferveur que Dieu demande de moi. *Ave, Maria.*

Le corps de l'Oraison demande trois choses :

1. Qu'on se représente, ou quelque perfection de Dieu, ou quelque mystère de notre Seigneur, ou quelque vertu de la sain'e Vierge ou d'un Saint, et qu'ensuite on excite là-dessus dans son cœur des sentiments d'admiration, de louange, d'action de grâces, de contrition, d'amour, etc.

2. Qu'on se rappelle le sujet de son oraison ; qu'on le passe et le repasse dans son esprit, qu'on se pénètre de l'obligation où l'on est de fuir tel vice ou de pratiquer telle vertu ; qu'on fasse quelque colloque, ou avec Dieu, ou avec Jésus-

Christ, ou avec son âme ; et enfin qu'on produise plusieurs affections ; c'est là le plus essentiel de l'oraison.

3. Qu'on forme de fortes résolutions ; par exemple, de se corriger de tel défaut, ou de pratiquer telle bonne œuvre. Il faut que ces résolutions soient conformes à nos besoins, et qu'elles soient mises en pratique dès le jour même.

La conclusion de l'oraison consiste à remercier Dieu de ce qu'il nous a soufferts en sa sainte présence, et des lumières et bons mouvements que nous avons reçus dans l'oraison ; à lui demander pardon des distractions et des négligences que nous y avons apportées, et à faire le bouquet spirituel, c'est-à-dire, à choisir ce qui nous a le plus touchés pendant l'oraison, afin d'y penser de temps en temps dans la journée, et en tirer un plus grand fruit ; après quoi on se met sous la protection de la sainte Vierge. en disant :

Nous nous mettons sous votre protection, ô très-sainte Mère de Dieu ! Ecoutez favorablement nos prières dans nos besoins, et délivrez-nous, par votre intercession, de tous dangers.

Ainsi soit-il.

PREMIÈRE MÉDITATION.

Dieu est notre premier principe et notre dernière fin.

I. Il fut un temps que je n'étais point au monde, il n'y a que quarante ou soixante ans que j'y suis ; auparavant, j'étais enseveli dans les profonds abîmes du néant, je n'étais rien, je ne pouvais rien. C'est vous, ô mon Dieu ! qui m'avez donné l'être et la vie, qui m'avez fait tout ce que je suis : *Domine, tu formâsti me.* P. 138. C'est vous qui avez formé mon corps avec tous ses sens, mes yeux pour voir, mes oreilles pour entendre, ma langue pour parler, mes pieds et mes mains pour agir ; c'est vous qui avez créé dans mon corps une âme raisonnable, spirituelle, immortelle, une mémoire pour me souvenir du passé, une intelligence pour pénétrer dans l'avenir, un esprit pour penser, un cœur pour aimer, une raison pour discerner le bien d'avec le mal, ce qui est du Créateur d'avec ce qui est de la créature ; c'est vous encore, ô Dieu tout bon !

qui, pour moi, avez tiré le ciel et la terre du néant, le soleil et les astres pour m'éclairer, le feu pour m'échauffer, l'eau pour me rafraîchir, l'air pour me faire respirer, la terre pour me nourrir, les animaux pour me servir : c'est à vous enfin que je suis redevable de tout ce que j'ai et de tout ce que je suis. Comment pourrais-je, après cela, ne pas reconnaître tant de bienfaits? Puis-je les oublier sans être le plus ingrat des hommes? Non, mon Dieu, puisque tout ce que j'ai vient de vous et vous appartient, je ne veux plus vivre que pour vous aimer et vous servir; corps et âme, je suis tout à vous.

II. Non-seulement Dieu m'a créé à son image et à sa ressemblance, mais c'est encore lui qui me conserve, qui m'anime, qui me reproduit à tout moment; c'est par lui que je vis et que je respire; c'est de lui que je reçois tous mes mouvements; s'il cessait de veiller un instant sur moi, je retomberais dans mon premier néant. Le bienfait de la conservation est le même que celui de la création. Que ne dois-je donc pas au Père des miséricordes, qui ne se lasse point de me soutenir et de pourvoir à tous mes besoins! Que penserait-on d'un homme qui serait suspendu par un fil sur un affreux précipice, et qui vomirait des torrents d'injures contre celui qui le soutiendrait dans cet état? Voilà ma situation : je ne tiens à la vie que par un fil, je marche sur le bord de l'enfer; et bien loin d'apaiser la colère du Seigneur qui m'a empêché d'y tomber, je ne pense qu'à l'irriter encore davantage : plus il me fait de bien, plus je deviens méchant; ses libéralités ne font que me rendre plus ingrat; je les fais même servir à mes iniquités, comme il s'en plaint par son prophète, en me servant de mes yeux pour jeter de mauvais regards ou faire de mauvaises lectures; de mes oreilles, pour entendre des discours impies ou médisants; de ma langue, pour proférer des obscénités ou des imprécations; de mes pieds, pour aller dans des lieux de débauche ou de jeu ; de tous les membres de mon corps, de toutes les facultés de mon âme, pour pécher. Mon Dieu, je suis tout confus de mes infidélités; j'en gémis devant vous.

III. Dieu m'a créé et me conserve uniquement pour lui : pour le connaître, lui obéir, et faire en tout sa sainte volonté. Voilà ma fin et mon unique fin ; plaisirs, richesses, créatures, je ne suis point fait pour vous ; vous ne sauriez faire mon bonheur, mon repos, ma béatitude ; je suis fait pour Dieu seul, pour l'aimer, le glorifier sur la terre, et un jour le posséder dans le ciel. Malheur donc à moi, si je m'éloigne de ma fin, si j'offense celui qui a tant de droits à mon respect et à mon amour, si, au lieu de le servir, je ne fais que l'outrager ! Un arbre qui, bien loin de porter de bon fruit, produirait des insectes, des serpents, serait une monstruosité dans la nature. On peut en dire autant de l'homme qui n'agit point pour Dieu : c'est une monstruosité dans le monde moral. Je prononce ma propre condamnation, car jusqu'ici telle a été ma conduite, ô mon divin Maître ! je ne vous ai regardé en rien dans ce que je faisais ; je ne pensais qu'à satisfaire mes malheureuses passions. Je reconnais maintenant ma folie, et je prends la résolution d'employer tous les moments de ma vie à vous plaire et à vous servir. Je n'userai de mes yeux que pour contempler et

admirer les ouvrages de votre magnificence ;
de mes oreilles, que pour écouter votre divine parole ; de ma langue, que pour bénir
votre saint nom ; de ma santé, que pour accomplir vos commandements ; de tout moi-
même, que pour être tout à vous. Je me
dois tout à celui de qui j'ai tout reçu. Bé-
nissez, Seigneur, une telle résolution. Vierge
sainte, obtenez-moi la grâce d'y être fidèle :
Sub tuum præsidium, page 98.

Fecisti nos, Domine, ad te : Vous nous
avez faits pour vous, Seigneur. *(S. Augustin
dans ses Confessions.) Pater meus es tu, Deus
meus :* Vous êtes mon Père et mon Dieu.

IIe MÉDITATION.

DU SALUT.

La Préparation ordinaire, page 95.

I. Obéir à Dieu et sauver mon âme, c'est
là ma grande affaire, la première et princi-
pale affaire que j'aie au monde : toutes les
autres affaires ne sont pour moi que des
puérilités, de purs amusements, des affaires
de rien. C'est pour notre salut, que Dieu a

opéré tant de merveilles, qu'il nous a donné un Ange gardien, qu'il a fait paraître des Prophètes et des Apôtres, établi une Religion, fondé une Eglise, institué des Sacrements, envoyé son propre Fils sur la terre. Oui, les sueurs, les travaux, les douleurs, la vie, la mort de l'Homme-Dieu, tout se rapporte au salut de l'homme. Quelle haute idée ne dois-je donc pas avoir de mon salut, puisque vous avez fait, ô mon Sauveur! tant de frais pour me le procurer! Je dois tout faire, tout perdre, tout sacrifier pour y réussir.

II. L'affaire du salut est notre unique affaire, la seule qui mérite nos soins et qui dépende de nos soins; car de quoi s'agit-il? du Paradis ou de l'Enfer; d'être éternellement heureux ou malheureux : une éternité de bonheur, voilà ce que je gagne si je travaille sérieusement à mon salut; une éternité de malheurs, voilà ce que je me prépare si je n'y travaille pas. S'il était question de gagner un procès considérable, de recueillir une riche succession, d'éviter une mort violente et honteuse, que ne ferait-on pas pour en venir à bout? Ici il est question d'être toujours sur le trône ou toujours dans les fers, et je délibère encore! je me montre froid et insensible! O stupidité! Le salut est mon unique nécessaire. *Porro unum est necessarium.* (Luc, 10.) Il n'est pas nécessaire que je sois riche, honoré, distingué dans le monde, on peut être heureux sans tout cela; mais pour n'être pas toujours et à jamais malheureux, il faut que je travaille à sauver mon âme, et que j'y travaille moi-même, et que j'y travaille de toutes mes forces. Mon Dieu, aidez-moi pour cela de votre grâce.

III. L'affaire du salut est l'affaire de tous les âges, de toutes les conditions, de toute la vie, et de tous les moments de la vie; cependant, à voir ce qui se passe dans le monde, dirait-on que c'est une affaire de cette importance? On y pense si peu! on s'en occupe si peu! on se met si peu en devoir d'y réussir! Est-il une affaire plus négligée que celle-là? Les uns ne font rien pour leur salut : les embarras du siècle, les projets de fortune, le soin de leurs corps, leurs intrigues, leurs passions, les absorbent entièrement; ils n'ont pas un seul moment pour s'en occuper. Les autres font, à la vérité, quelque chose, mais ils ne font pas tout ce qu'il faut; ils craignent la peine, le moindre effort leur coûte infiniment; ils ne peuvent se résoudre à éviter tout péché, du moins mortel, à tenir en bride leurs penchants, à garder constamment toute la loi. Ils évitent certains péchés, par exemple, le vol, le parjure, la débauche, pour lesquels ils n'ont point d'inclination; mais ils en commettent tant d'autres qui ne sont pas moins griefs et qui les damnent! Il en est enfin d'autres qui font tout ce qu'il faut pour être de grands saints, mais qui ne le font pas de la manière convenable, qui sèment de bons grains, et qui ne trouvent à la fin que des épines; qui pratiquent quelques bonnes œuvres, mais qui en perdent le fruit, faute de les rapporter à Dieu : ils jeûnent, ils donnent l'aumône, ils souffrent des douleurs cuisantes, tout ce que la pauvreté a de plus amer; mais la vanité, l'intérêt, la nécessité, y ont plus de part que l'amour de leur salut; œuvres par conséquent inutiles.

O mon Dieu! ne permettez pas que je sois de ce nombre. Que me servirait-il d'avoir amassé de grands biens, d'avoir été dans toutes les parties de plaisir, d'avoir réussi dans toutes mes entreprises, si je venais a être damné? Que sert-il à l'homme de gagner le monde entier, s'il perd son âme? *(Matth. 16.)* Vous l'avez dit, ô mon Sauveur! et je répèterai tous les jours cette grande vérité, afin d'y conformer ma conduite; je veux, à quelque prix que ce soit, sauver ma pauvre âme. *Volo salvare animam meam.* Vierge Marie, demandez pour moi cette grâce des grâces. *Sub tuum præsidium*, page 98.

Quærite primùm regnum Dei : Cherchez premièrement le royaume de Dieu. *Matth 6.*

IIIe MÉDITATION.

DU PÉCHÉ MORTEL.

La préparation ordinaire, page 95.

1. LA grandeur de Dieu que le péché offense doit m'épouvanter : un Dieu immense, tout-puissant, infini en toutes sortes de perfections; un Dieu, la sagesse, la bonté, l'indépendance même; un Dieu, mon premier

principe et ma dernière fin ; c'est celui-là même que j'ai outragé, insulté, déshonoré. Toutes les fois que j'ai consenti à cette pensée impure, que j'ai proféré cette parole impie, que j'ai fait cette action injuste, j'ai ravi alors à mon Dieu plus d'honneur et de gloire que ne lui en rendront jamais tous les Anges et tous les Saints. Quelle témérité ! Un Dieu qui, dans sa colère, fait trembler la terre, et l'ébranle jusque dans ses fondements ; un Dieu qui ne parle aux timides mortels que par l'effroyable tonnerre qu'il fait gronder sur eux ; un Dieu qui commande aux créatures les plus insensibles, aux démons même, et qui s'en fait obéir : ce Dieu, tout grand, tout terrible, tout aimable qu'il est, ne peut point être honoré, aimé, obéi de l'homme pécheur ; il se révolte continuellement contre lui et contre ses commandements ; il ne cesse de lui déplaire que quand il cesse de vivre.

II. Ce qui aggrave encore la malice du péché mortel, c'est la vilité et la bassesse de celui qui le commet. Quoi donc ! un ver de terre, un homme pétri de boue et de corruption, un misérable néant, s'élever contre

le Dieu des armées, et se moquer en quelque sorte de toutes ses menaces! Quoi de plus
indigne et de plus outrageant? Qu'un souverain déclare la guerre à un autre souverain, il n'y a rien là de surprenant; mais
qu'un faible et petit sujet se soulève contre
son Seigneur et contre son Roi, c'est là une
audace qui mérite les derniers supplices.
Voilà cependant ce que je fais tous les jours,
moi, la faiblesse et la dépendance même;
moi, le dernier des hommes, un homme de
rien, je me révolte contre le Roi des rois,
contre le maître souverain de toutes choses,
contre mon Dieu; je ne veux point me sou-
mettre à son empire et à sa domination; je
ne le reconnais presque plus pour rien. O
Dieu du ciel et de la terre! comment ai-je
pu vivre jusqu'ici dans un tel état, moi si
loin de vous, et vous si loin de moi!

III. Mais enfin, pourquoi offenser un Dieu
si saint, si bon, si parfait? Hélas! on l'offense presque pour rien, pour plaire à la
compagnie qui le demande, pour un plaisir
insipide qui s'ensuit, pour un intérêt bas et
sordide qui aveugle, pour s'attacher à d'in-
fâmes créatures qui nous captivent, pour

courir après des fantômes qui peuvent bien nous amuser pour un temps, mais qui ne fixeront jamais les désirs infinis de nos cœurs. Ah! pécheurs et pécheresses, à qui avez-vous préféré votre Dieu et votre tout? O justice de mon Dieu! comment m'avez-vous pu souffrir? O beauté toujours ancienne et toujours nouvelle! comment ai-je pu me séparer de vous? Ange exterminateur, comment ne m'avez-vous pas mille et mille fois puni? Terre! terre! comment ne m'as-tu pas englouti tout vivant dans tes abîmes! Soleil, comment n'as-tu pas changé tes rayons en autant de foudres pour m'écraser? Seigneur, si je vis encore, c'est par un effet de votre pure miséricorde; vous ne voulez pas la mort du pécheur; vous ne demandez que sa vie et sa conversion. Je reviens donc à vous, ô mon Dieu! dans la sincérité et l'amertume de mon cœur : vous ne m'avez mis au monde que pour vous aimer et vous servir; et moi ingrat, moi infidèle, je ne fais que vous offenser et vous déplaire. Ah! c'en est fait, je déteste ma mauvaise vie, et je m'en repens de tout mon cœur : miséricorde, mon Dieu! et une grande miséricorde, parce que j'ai beaucoup péché.

Miserere mei, Deus, secundùm magnam misericordiam tuam. (Ps. 50.)

Ayez pitié de moi, mon Dieu, selon votre grande miséricorde.

IVᵉ MÉDITATION.

SUR LA MORT.

La préparation ordinaire.

RIEN de plus inévitable, ni de plus certain que la mort : il faut mourir, Dieu a prononcé cet arrêt, et il est sans appel. Voilà un enfant qui vient au monde : sera-t-il riche ? sera-t-il pauvre ? jouira-t-il d'une bonne ou mauvaise santé? Nous n'en savons rien ; mais mourra-t-il ou ne mourra-t-il pas? c'est sur quoi nous n'avons aucun doute. Dès que nous sommes enfants d'Adam, nous sommes tous enfants de mort. Rois et bergers, jeunes et vieux, justes et pécheurs, la mort, cette inexorable, n'épargne personne ; elle tranche, emporte, moissonne tout. Où sont les princes des nations, ces monarques tant vantés, ces hommes puissants, qui remplissaient l'univers du bruit de leurs noms, et qui étaient comme les divinités de la terre? Hélas! ils ont été, mais il y a déjà longtemps qu'ils ne sont plus; le siècle qui les a vus naître, les a vus mourir : c'est là une vérité qui frappe les yeux des plus stupides. D'où vient donc que notre conduite est si fort opposée à notre croyance? A voir ces projets immenses de fortune que nous formons, ces mouvements excessifs que nous nous donnons, cette avidité insatiable que rien ne peut modérer, ne dirait-on pas que nous avons encore des siècles entiers à vivre, ou même que nous nous croyons immortels et pour toujours sur la terre?

II. Rien de plus incertain que l'heure et le moment de la mort. Mourrons-nous de jour ou de nuit, dans un an ou dans dix, d'une mort lente ou d'une mort subite et imprévue? Aurons-nous un prêtre pour nous assister à la mort, où n'en aurons-nous pas? Serons-nous en état de grâce, ou en état de péché mortel? Il n'y a que Dieu seul qui le sache; nous n'en savons rien. La mort nous attend, pour l'ordinaire, où nous ne l'attendons pas; elle nous attend partout : elle est comme un voleur qui vient la nuit, et lorsqu'on est le moins sur ses gardes ; comme le déluge au temps de Noé, elle prévient toutes nos précautions. On a vu des joueurs expirer les cartes à la main, des acteurs sur le théâtre, des débauchés à table, des voluptueux dans l'acte même du crime : qui sait si nous n'essuierons pas le même sort ? De ceux qui sont morts cette année, il n'y en avait aucun qui n'espérât vivre encore plus longtemps ; et de tous ceux qui mourront dans ce mois, dans cette semaine, quel est celui qui s'y attend ? Je dois donc me tenir toujours prêt, veiller continuellement sur moi-même et sur mes actions ; mourir au péché, à mes mauvaises habitudes, à tout ce qui est mal, afin que la mort ne me surprenne point. Je puis mourir à tout moment, je dois donc à tout moment me préparer à bien mourir.

III. Rien peut-être de plus prochain pour moi que la mort ; l'amour-propre a beau dire que je ne mourrai point de cette année, ni de longtemps ; que je suis jeune, robuste, d'un bon port, que j'ai encore bien des années à vivre : le Saint-Esprit me dit que la mort ne tarde point, et qu'elle n'est jamais plus près que quand elle paraît plus éloignée. Nous tenons, hélas! si peu à la vie, et il faut si peu de chose pour la terminer, qu'il est même surprenant que nous vivions si longtemps : il ne faut bien souvent qu'un accident, une chute, un catarrhe, un air contagieux, une fièvre de quelques jours, un *miserere*, pour nous faire passer d'une parfaite santé au tombeau. Bientôt, bientôt viendra ce moment fatal qui me séparera de ce que j'ai de plus cher au monde : biens, honneurs, plaisirs, charges, emplois, divertissements, parents, amis, compagnies, enfants, mari, femme; il me faudra tout quitter. Mon corps étendu sur un drap, et immobile, froid comme un marbre, couvert de l'affreuse pâleur de la mort, ne sera plus qu'un cadavre puant et infect, devenu horrible à voir, insupportable aux vivants, livré à la pourriture et rongé de vers. Ah! que ne dois-je donc pas faire pour me procurer une sainte mort? Pourquoi m'occuper toujours de mon corps, qui, dans peu, sera réduit en poussière, et ne m'occuper jamais de mon âme qui est immortelle? Pourquoi m'attacher à la terre et à tout ce qui passe avec le temps, puisqu'il faudra bientôt me séparer de tout? Mon Dieu, je penserai souvent à la mort et à ce que je deviendrai après la mort, afin que par là je puisse la rendre précieuse à vos yeux. Vierge sainte, mon Ange gardien, ne me délaissez pas dans ce dernier moment. *Memor esto, quia mors non tardat.* Souviens-toi que la mort n'est pas loin. *(Eccl. 14.)*

Ve MÉDITATION.

DU JUGEMENT PARTICULIER.

La préparation ordinaire, page 96.

1. Nous naissons pour vivre, nous vivons pour mourir, et nous mourons pour être jugés. Quelque triste et affligeante que soit la mort, on s'y soumettrait sans peine, si tout se bornait là; mais mourir pour aller paraître au tribunal redoutable du souverain Juge des vivants et des morts, et lui rendre compte de toute sa vie, voilà ce que la mort a de plus effrayant; malheur à nous, si nous n'en sommes pas effrayés! Oui, et c'est la

foi qui nous l'enseigne, à peine expirons-nous, que Jésus-Christ a fait la discussion de nos consciences. Quelle étrange surprise pour mon âme, de se voir dans un état où elle ne s'est jamais vue; dans une terre inconnue et étrangère, privée et dépouillée de tout; réduite à elle seule, sans suite, sans défense, sans autre compagnie que celle de ses vertus, ou peut-être de ses péchés! Dans ce moment, toutes ses idées s'évanouissent, tous les objets qui l'avaient amusée jusqu'alors disparaissent à ses yeux; son corps, dont elle faisait son idole, elle le voit étendu et immobile sous un drap, devenu odieux aux vivants, abattu et foulé sous les pieds de la mort, comme un captif sous les pieds de son vainqueur : que doit-elle penser alors du vide et du néant des choses d'ici-bas, de la vanité et de l'inconstance du monde, et de l'importance et de la nécessité du salut? Que ne voudrait-elle pas avoir fait?

II. Ce qui la désole, c'est qu'elle a à répondre à des témoins irrécusables, qui l'accusent devant son Dieu. Le premier, c'est sa propre conscience, qui la défend ou la condamne, selon le bon ou le mauvais usage qu'elle a fait de ses sages avertissements. Nous avons tous une conscience qui nous avertit, qui nous détourne du mal, qui nous crie de le détester quand nous l'avons commis; mais que faisons-nous? nous étouffons ce petit rayon de lumière qui nous éclaire, et nous nous raidissons contre ses salutaires remords. A la mort, cette conscience rentrera dans ses droits, et elle sera enfin ouïe. Ce que les années auront comme assoupi, elle le réveillera; ce que l'amour-propre aura caché sous de beaux dehors, elle le fera paraître dans toute sa difformité. Notre second accusateur sera notre religion. Elle nous dira : Qu'y a-t-il d'écrit dans la loi? que vous disait l'Evangile? et qu'avez-vous fait? Vous aimerez votre Dieu de tout votre cœur, et vous n'avez aimé que la bagatelle et le plaisir; vous aimerez votre prochain comme vous-même, et vous le haïssiez à la mort, vous le déchiriez par les médisances les plus noires; vous aurez en horreur les idoles de la gentilité, et vous vous faisiez, dans le sein même du christianisme, des idoles de terre ou de chair,

à qui vous prodiguiez tous vos soins. Oh !
la terrible pensée ! c'est ma religion qui me
jugera : cette religion si pure , si respectable
dans ses mystères, si sévère dans ses maxi-
mes, à laquelle cependant je n'ai jamais
voulu obéir. Un troisième accusateur, ce
sera le démon, qui est appelé dans l'Ecri-
ture sainte, l'accusateur de ses frères ; il
exposera à mes propres yeux toute l'histoire de ma vie, tout le mal que j'aurai fait,
tous les péchés que j'aurai commis : et comment pouvoir y répondre?

III. Enfin, le juge , après avoir reçu toutes
les dépositions qu'on fera contre cette âme ,
prononcera à son tour, et décidera sur son
sort. S'il la trouve innocente, il lui donnera
une place dans le ciel ; mais si elle se
trouve coupable de quelque péché mortel ,
quand il n'y en aurait qu'un seul , il la
condamnera aux flammes éternelles de l'enfer. O Dieu ! quel jugement ! un jugement
inexorable et sans appel. Ah ! si les Hila-
rion , les Arsène et les plus grands Saints
ont fort appréhendé cette heure critique, ce
jugement terrible qui décidera de l'éternité,
si le juste aura peine alors à être sauvé , que

deviendrai-je, moi pécheur, dont la vie a été un tissu de crimes, moi, lâche et indolent, qui n'ai jamais pratiqué une bonne œuvre comme il faut? En vertu de quoi, ô mon Dieu! vous demanderai-je le ciel, moi qui n'ai rien fait encore pour le mériter? Tout est donc perdu pour moi, si vous ne me faites miséricorde. O mon Sauveur et mon juge! je veux me condamner et me punir moi-même dans le temps de votre bonté, afin que vous ne me condamniez et ne me punissiez pas au jour épouvantable de votre colère. Malheur à la vie la plus sainte, si vous la regardez et l'épluchez de près! Toute ma ressource est en votre clémence, ô mon Dieu! Vierge sainte, obtenez-moi la grâce d'une véritable pénitence. *Si justus vix salvabitur, impius et peccator ubi parebunt?* Si le juste aura peine à être sauvé, que deviendront les impies et les pécheurs? *(1 Petr. 4.)*

VIe MÉDITATION.

DE L'ENFER.

La préparation ordinaire, page 96.

I. Qu'est-ce que l'enfer? C'est l'exil et la privation de tous les biens. Ici, sur la terre, point de peine sans quelque consolation ; les plus grands maux peuvent être modérés et adoucis par je ne sais combien de remèdes qui en diminuent la vivacité ; du moins on est plaint, et il ne tient pas à bien du monde qu'on ne soit soulagé. Mais dans le puits de l'abîme, les peines y sont sans allégement, et il ne s'y trouve ni relâche, ni repos, ni ombre de repos ; la justice de Dieu y est toujours occupée à tourmenter un damné, et jamais à lui donner le moindre soulagement. Plus de parents pour compatir à ses douleurs, plus une âme qui sollicite sa délivrance, plus d'amis pour apaiser ses regrets, plus de secours de personne, plus de ressource, plus de fin ni d'espérance de fin. Abandonné du Ciel et de la terre, il pousse des cris effroyables, mais ces cris ne font que l'épuiser davantage : il pleure, il grince des dents, mais toujours inutilement; il demande, comme le mauvais riche, une goutte d'eau pour tempérer la soif brûlante qui le dévore. Hélas! dit saint Chrysostome, qu'est-ce qu'une goutte d'eau pour une mer de feu et de flamme? Ce n'est rien, c'est moins que rien : ce peu, ce rien lui sera éternellement refusé. O Dieu! être toujours pour toujours souffrir, pour toujours brûler, pour toujours désirer ce qu'on n'aura jamais, quelle dure et effroyable nécessité! Voilà pourtant à quoi je m'expose pour une fumée d'honneur, pour un vil intérêt, pour une vaine satisfaction de mes sens; suis-je bien sage et bien sensé?

II. Qu'est-ce que l'enfer? C'est le centre horrible de toutes les malédictions. Un damné est maudit de Dieu; ce Père des miséricordes ne le regarde plus qu'avec horreur et comme un objet d'indignation. Il ne peut plus dire : Mon Dieu, mon Sauveur, mon bon Père, ayez pitié de moi; parce qu'il n'y a plus de Dieu bienfaisant pour lui, plus de Père céleste qui veille sur lui, plus de Jésus ni de Sauveur qui se souvienne de lui : il est maudit des Anges et des Saints ; tous les bienheureux l'abhorrent et le détestent ; ils se rient de son supplice, ils se réjouissent en quelque sorte de ce que Dieu se venge ainsi de la multitude de ses crimes : il est maudit de tous les démons et de tous les autres réprouvés. On dit quelquefois : Si je vais dans l'enfer, je n'y serai pas seul ; j'y trouverai de mes parents, de mes compagnons, de mes amis : c'est toujours une consolation d'être avec ceux qu'on aime. Oh ! l'amère et désolante consolation ! puisque c'est cela même qui fait un des plus cruels tourments de l'enfer. Dans ce monde, tant d'amitié et de complaisance qu'il vous plaira ; mais là, haine, aversion, rage, imprécations, fureur, voilà tout. Vindicatifs avec d'autres vindicatifs, le père et la mère avec les enfants, le mari avec la femme, ils sont tous leurs propres bourreaux ; l'enfer ne retentit que des malédictions horribles qu'ils vomissent les uns contre les autres ; ils se servent mutuellement de furies. Ah ! mon âme, il y a un enfer, les chrétiens le croient, et cet enfer se remplit tous les jours de chrétiens ; il y a un enfer, il ne faut qu'un péché mortel pour y être précipité ; il y a encore des pécheurs , et des pécheurs de toute espèce : il y a un enfer, et les âmes y tombent à milliers, comme les flocons de neige au fort de l'hiver ; et je ne frémis pas et ne fais rien pour l'éviter! O folie! ô étourdissement! Grand Dieu ! ne me perdez pas, ne me damnez pas ; il y a des millions d'âmes qui brûlent dans l'enfer pour un seul péché mortel ; et moi j'en suis tout couvert, et je n'ai fait jusqu'ici que pécher ; mais c'en est fait, je renonce au péché , j'accepte de bon cœur toutes les croix et les afflictions qui m'arriveront , pour expier tant de péchés que j'ai commis. Sainte Vierge , obtenez-m'en, s'il vous plaît, la grâce.

Ibi erit fletus et stridor dentium : Il n'y aura dans l'enfer que pleurs et grincement de dents. *(Math.)*

III. Il y a un enfer, et cet enfer est éternel. Il y a un feu allumé dans l'enfer, et ce feu ne s'éteindra jamais ; on est éloigné et séparé de Dieu dans l'enfer, et on le sera toujours. Oh! la grande et accablante vérité ! elle a consterné les rois jusque sur le trône , rempli les déserts et les monastères d'hommes et de filles, fait rentrer en eux-mêmes les pécheurs les plus endurcis : serons-nous les seuls sur qui elle ne fera aucune impression? Les maux de cette vie, fussent-ils encore plus rudes, sont des maux qui passent vite; ils ne durent tout au plus que quarante ou soixante ans; mais les maux de l'enfer sont infiniment plus rigoureux, et ils ne passent jamais; la main vengeresse du Tout-Puissant frappe horriblement les damnés, et elle ne se lasse point de les frapper; leurs cachots sont toujours ouverts pour les recevoir, et jamais pour les laisser sortir; le feu qui les brûle est des plus pénétrants, et il ne peut les consumer; par un même pouvoir, selon les saints Pères, il les détruit et il les reproduit; il les tourmente et il les épargne : mais, ô justice de mon Dieu! il ne les épargne que pour pouvoir éternellement les tourmenter. Le Roi prophète nous dit que les pécheurs, comme de stupides brebis, tombent sans reflexion dans l'enfer, et que la mort les y dévorera sans les faire périr. Les brebis, en paissant, ne broutent que la pointe des herbes : elles ne les arrachent ni ne les déracinent point; les mêmes herbes dont elles se sont nourries repoussent continuellement pour les nourrir encore. Étrange figure de l'état des damnés! la mort ne leur ôtera point la vie, mais elle les broutera; en les détruisant, elle les conservera. De sorte, ajoute saint Augustin, qu'ils vivront toujours pour mourir éternellement, et qu'ils mourront éternellement pour vivre toujours. O éternité! ô interminable éternité, que ta carrière est longue! plus je te médite, plus j'en suis effrayé, alarmé. Non, pécheur, tu n'y penses pas; car pourrais-tu y penser sérieusement et t'abandonner au crime qui y conduit?

VII⁰ MÉDITATION.

DU PARADIS.

La préparation ordinaire, page 96.

I. Il y a un Paradis; ce Paradis est fait pour nous, qui sommes les enfants de Dieu et les héritiers de son royaume; dans ce beau Paradis, on est à l'abri de tous les maux. Quoi de plus capable de dilater nos cœurs et de calmer toutes les amertumes de cette vie? Dans ce monde, ce n'est que peines et afflictions d'esprit; les plus grands biens y sont hérissés de mille épines, entremêlés des revers les plus fâcheux; les soucis y empoisonnent les plaisirs les plus doux : pour y être plus à son aise, on n'en est pas pour cela plus content; la tribulation et les angoisses accompagnaient David jusque sur son trône. Il faut continuellement combattre nous-mêmes contre nous-mêmes, essuyer de la part des autres mille contradictions, être comme le jouet des misères et des calamités. Est-on pauvre, il faut tremper son pain dans la sueur de son front, porter le poids du jour et de la chaleur, travailler beaucoup, et se trouver presque toujours sans rien. Est-on riche, on craint de devenir pauvre, on s'épuise en projets chimériques, on n'en est que plus sensible à la moindre privation. Est-on malade ou sur le retour de l'âge, on pèse à tout le monde, et tout le monde nous pèse; le poids des années nous accable, nous nous souhaitons la mort, et la mort qui approche nous consterne. A tous les maux, point de remède pour le présent; mais levons nos yeux, nos esprits et nos cœurs vers le Ciel : là, dans cette bienheureuse cité, nous n'aurons plus d'ennemis à vaincre, plus de péchés à expier, plus d'inclinations mauvaises à mortifier, plus de chagrins ni d'inquiétudes à dévorer, plus de chutes à craindre, plus de vieillesse, plus de mort : Dieu lui-même essuiera les larmes de nos yeux ; tout ce qui afflige la nature, le froid et le chaud, la faim et la soif, le travail, les maladies, l'indigence, peines extérieures, peines intérieures, tout cela sera banni de cette ravissante demeure. O mon Dieu ! que la terre me pèse quand je considère le Ciel !

II. Ce n'est encore rien : dans le Ciel, on se repose dans la beauté de la paix, dans la plénitude actuelle de tous les biens : sur la terre, rien qui puisse satisfaire pleinement le cœur de l'homme ; jamais un plaisir entier. Mais dans notre aimable patrie, nous verrons Dieu, nous l'aimerons, et par là nous jouirons d'un bonheur parfait. Oui, nous verrons Dieu, et en le voyant nous verrons tout : nous ne connaissons maintenant Dieu que par la foi, et c'est ce qui nous rebute; mais alors nous le verrons face à face, tel qu'il est; nous verrons cette beauté toujours ancienne et toujours nouvelle, qui ravit tous les cœurs; les trésors inépuisables de cette beauté sans pareille qui ne se refuse à personne : les ressorts infinis de cette aimable providence qui règle tout, qui pourvoit à tout, qui dispose de tout. Nous verrons la sainte et adorable Trinité, un seul Dieu en trois personnes, trois personnes en un seul Dieu, leurs perfections ineffables, leurs divines opérations. Nous verrons le corps rayonnant de Jésus qui éclaire tout l'empirée, ses sacrées plaies, tout ce qu'il a fait et enduré par amour pour nous; nous verrons la glorieuse Vierge Marie, notre bonne Mère, les neuf Chœurs des Anges, tous les Saints et Saintes qui habitent ce charmant séjour. O mon Dieu! que nous verrons de belles choses en vous voyant! Ce n'est pas assez : nous vous aimerons encore sans interruption, et nous serons sûrs d'être aimés de vous; nous n'aurons plus de pensées ni d'affections que pour vous, et vous n'aurez plus de tendresse ni de complaisance que pour nous; heureux de votre bonheur, nous serons si absorbés en vous, si étroitement unis à vous, si embrasés de votre amour, si pénétrés de vos bienfaits, si imbus de votre gloire, que nous serons comme déifiés et semblable à vous. Oh ! que nous serons bien dans le Ciel !

III. Dans le Ciel, tout est fixe, invariable, éternel : il n'y a plus ni inconstance ni vicissitude à craindre ; on y est souverainement heureux, et on est assuré de ne jamais cesser de l'être. Dans ce monde, rien de solide ni de permanent ; on s'y ennuie et l'on s'y dégoûte de tout, on désire ce qu'on n'a pas : on ne l'a pas plus tôt qu'on n'en fait aucun cas. Les spectacles les plus riants, les repas les plus somptueux, les plus fastueuses richesses, tout nous fatigue et nous lasse avec le temps. La manne du désert avait tous les goûts les plus exquis, cependant les Israélites à la fin ne pouvaient plus la souffrir ; mais dans la céleste Sion, nul ennui, nul dégoût, nulle crainte d'ennui ni de dégoût ; nous y serons rois, et notre royaume n'aura point de fin ; nous y goûterons une joie pure, inaltérable, universelle, et personne ne pourra nous la ravir. Plus nous verrons Dieu, plus nous désirerons de le voir ; plus nous l'aimerons, plus nous voudrons l'aimer, plus nous le trouverons digne d'être aimé. Quel étrange miracle ! un bonheur qui plaît toujours, qui remplit toujours et qui ne rassasie jamais ! Laissons donc là les biens et les plaisirs fugitifs de la terre, et attachons-nous à mériter les plaisirs et les biens éternels du Ciel ; soupirons sans cesse après le Ciel, où un bonheur interminable nous attend : évitons avec soin le péché, qui peut seul nous en fermer l'entrée, et pratiquons avec fidélité les vertus chrétiennes qui y conduisent ; faisons une sainte violence à nos passions, parce qu'il n'y a que ceux qui se font violence qui puissent y atteindre. Ne . nous relâchons jamais dans le service de Dieu, parce que la couronne est réservée uniquement à nos mérites, à nos jeûnes, à nos prières, à notre chasteté, à notre patience, à notre humilité et à notre persévérance finale dans le bien. O beau Paradis ! que je m'oublie moi-même plutôt que de vous oublier jamais. Pensées de la terre, retirez-vous, je ne respire plus que pour le Ciel.

Unam petii à Domino, ut inhabitem in domo Domini omnibus diebus vitæ meæ. Je ne vous demande qu'une chose, ô mon Dieu! qui est d'habiter dans votre maison tous les jours de ma vie. *(Ps. 26.)*

VIIIe MÉDITATION.

DE LA DÉVOTION AU TRÈS-SAINT SACREMENT.

La préparation ordinaire, page 96.

I. Dans l'Eucharistie, Jésus-Christ est notre nourriture ; c'est ici que le bienfait passe notre imagination et notre reconnaissance. Un Dieu devenir l'aliment de ses créatures, le corps d'un Dieu-Homme sous les espèces communes du pain et du vin, pour se communiquer à nous ! O mon Sauveur ! vous êtes bien grand et bien puissant, puisque vous êtes égal en tout à votre Père ; mais vous ne sauriez faire aux hommes un don plus précieux que celui que vous leur faites, en leur donnant votre corps, votre âme, votre divinité, tout ce que vous êtes, tout ce que vous avez, tout ce que vous pouvez leur donner. Etre nourri de la chair adorable d'un Dieu ; être abreuvé du sang inestimable d'un Dieu ; ne faire qu'une même substance avec la substance indivisible d'un Dieu, y pensez-vous, âmes, chrétiennes? et si vous y pensez, comment vos cœurs demeurent-ils froids et insensibles au milieu de tant de traits et de flèches d'amour? Pourquoi ne vous nourrissez-vous que pour le profaner? car telle est la malice des hommes. Hélas! s'il n'y avait que des âmes pures et pénitentes qui participassent à nos saints mystères ; mais combien de voleurs et d'impudiques qui logent le Seigneur Jésus dans un cœur ulcéré, corrompu, souillé de crimes! combien de chrétiens jureurs et débauchés, qui, par leurs sacriléges, font du mémorial de sa passion, le renouvellement de tous les outrages qu'il y a soufferts! Ah! mon adorable Jésus, si vous nous aimiez moins, vous seriez peut-être plus aimé de nous.

II. Jésus-Christ dans l'Eucharistie est un remède efficace à tous les maux. Nous sentons-nous accablés par le poids de nos iniquités, il est la justice même pour nous en détacher ; languissons-nous dans quelque habitude vicieuse, il est la source des grâces

pour nous la faire vaincre ; la tentation vient-
elle nous assaillir, il est la force pour nous
soutenir ; avons-nous en horreur les ténèbres, il est la lumière pour nous éclairer ;
voulons-nous aller au Ciel, il est le chemin
pour nous y conduire : nous trouvons
en lui un appui solide dans nos faiblesses,
une consolation réelle dans nos travaux, un
principe de mérite dans nos combats, un
arbre de vie qui nous nourrit, un trésor
abondant où il ne tient qu'à nous de mettre
la main et de nous enrichir, un gage assuré
de notre résurrection, un germe vivifiant de
notre béatitude éternelle et de notre salut.
C'est par ce glaive de Gédéon que les Mar-
tyrs ont triomphé des tyrans et de leurs supplices. C'est ce vin pur et délicieux qui en-
fante les Vierges, et qui procure à notre Seigneur tant de chastes épouses ; c'est par la
vertu toute-puissante de ce froment des élus,
que la Foi subsiste et se soutient, que l'E-
glise et la Religion s'affermissent, le Ciel se
remplit. Venez donc, âmes fidèles, et ap-
prenez par vous-mêmes combien le Seigneur
est doux, magnifique, bienfaisant dans le
sacrement de son amour : venez auprès de

lui, vous qui êtes dans la peine, et il vous soulagera ; venez-y, pauvres, ne craignez rien, son palais est ouvert à tout le monde ; il se rendra sensible à vos besoins ; il fera renaître sur vos visages la sérénité que le chagrin en avait bannie ; il vous enrichira, sinon des biens de la terre, du moins des biens du Ciel ; venez-y, âmes timides, et il vous affermira dans vos bonnes résolutions, il rendra votre foi plus vive, votre espérance plus ferme, votre humilité plus sincère, votre patience plus invincible, votre chasteté plus inaltérable, votre charité plus ardente, votre résignation plus entière. Venez-y aussi, âmes pécheresses, et il excitera en vous des remords salutaires qui vous feront rentrer en vous-mêmes ; il vous effraiera par ses menaces, il vous dessillera les yeux, il vous touchera, il vous fera pleurer vos offenses, il vous délivrera du joug d'iniquité qui vous fait gémir. Ah ! bon Jésus, je ne saurais tenir contre tant de bienfaits ; je prends donc aujourd'hui la résolution de vous adorer dans le Sacrement de nos autels, avec le plus de religion qu'il me sera possible, de faire souvent des Actes de Foi sur votre présence réelle , de vous y visiter et vous y faire ma cour au moins une fois par semaine ; de communier avec les plus saintes dispositions , et autant de fois que mon confesseur le jugera à propos ; de me tenir avec la plus profonde révérence au pied de vos autels ; d'assister, autant que je pourrai , aux processions, aux saluts , aux bénédictions du saint Sacrement ; de l'accompagner avec piété quand on le porte aux malades ; d'entendre la messe avec toute la dévotion dont je serai capable ; dire souvent : Loué et adoré soit à jamais Jésus dans le très-saint Sacrement de l'autel.

Venite ad me omnes qui laboratis et onerati estis , et ego reficiam vos. (Matth. **11.**)

Venez à moi , vous qui êtes chargés et fatigués , et je vous soulagerai.

IXᵉ MÉDITATION.

DE LA DÉVOTION ENVERS LA SAINTE VIERGE.

La préparation ordinaire , page **96.**

I. APRÈS la dévotion que nous devons avoir pour Jésus-Christ, comme notre Sauveur et notre Dieu , la plus solide de toutes , la plus avantageuse aux hommes , c'est sans contredit une dévotion tendre et affectueuse pour la Vierge Marie. Elle est la Mère de Dieu : donc il faut l'honorer, et l'honorer d'un culte d'hyperdulie , qui n'est dû qu'à elle seule. Qu'elle soit véritablement Mère de Dieu : sainte Elisabeth , dans l'Evangile , la salue sous cette auguste qualité , le concile général d'Éphèse en fait un point de notre foi , et l'Eglise , notre bonne mère , ne lui donne point d'autre nom dans la prière publique qu'elle met en la bouche de ses enfants : Sainte Marie , mère de Dieu , priez pour nous : *Sancta Maria , mater Dei , ora pro nobis.* Mais dès lors , quelle vénération et quel respect ne lui devons-nous pas ! Point d'éloge qu'elle ne mérite , point de qualité suréminente qu'on puisse légitimement lui disputer , point de prérogatives ni de priviléges qui ne lui soient dûs. Tout ce que nous en pouvons dire et penser, est beaucoup au-dessous de ce qui en est. Laissons donc déclamer toutes ces bouches infernales qui osent décrier la dévotion des fidèles envers la sainte Vierge , et qui traitent de puérilité et même de superstition leur piété. Ah ! ils n'ont que de la froideur et de l'aversion pour la très-digne mère de Dieu, ils sont dès ce moment marqués au coin fatal de la réprobation. Quant à nous, images de la sainte Vierge, oraisons, litanies, la petite couronne, le petit office, le chapelet, fêtes, chapelles, *angelus*, confréries du scapulaire ou du rosaire, jeûnes, mortifications, tout ce qui tend à honorer Marie, à nous rappeler le souvenir de Marie, à nous inspirer de l'amour pour Marie, tout cela doit nous être cher et précieux, parce que c'est là la marque de notre dévouement à son service, et le signe le moins équivoque de notre prédestination. Cette dévotion a contribué à sanctifier les Bernard, les François de Sales, les Marguerite d'Ecosse, et les Catherine de Sienne; elle contribuera aussi à nous sanctifier.

II. La sainte Vierge est pleine de grâces et de mérites; donc il faut l'invoquer, et l'invoquer avec une confiance vraiment filiale. On se défie ordinairement des hommes, parce qu'ils manquent de pouvoir ou de bonne volonté pour nous faire du bien, mais ne craignons rien du côté de Marie : elle peut véritablement nous secourir , parce qu'elle est la mère du Tout-Puissant, et par là , puissante elle-même ; elle veut sincèrement nous secourir, parce qu'elle est la Mère de miséricorde, et par conséquent miséricordieuse. Son pouvoir n'est point absolu et indépendant comme celui de Dieu , mais il est efficace : elle peut tout avec son Fils, elle peut tout auprès de son Fils, elle n'a qu'à lui montrer le sein virginal qui l'a conçu, les mains pures qui l'ont emmaillotté, les sacrées mamelles qui l'ont nourri pour en obtenir tout ce qu'elle veut. Ne nous défions donc jamais de son pouvoir, et encore moins de sa bonne volonté : elle est notre asile, notre avocate, notre refuge, notre consolation, notre patronne, notre bonne mère : elle nous a tous adoptés pour ses enfants sur le Calvaire ; elle n'a pour nous que des pensées de paix et de miséricorde ; elle nous regarde avec complaisance et amour ; nos misères en augmentant sa compassion, ne font qu'augmenter sa tendresse : elle se plaît à exaucer les prières que nous lui adressons, et à nous accorder les grâces que nous lui demandons. Aussi, que de prodiges Dieu n'a-t-il pas opérés en faveur de ceux qui ont eu recours à elle ! Que de malades guéris ! que de paralytiques redressés ! que de justes, faibles et chancelants, qui, par son intercession, sont devenus dévots et fervents ! que de pécheurs invétérés qui, par son moyen, ont recouvré la grâce sanctifiante, et y ont heureusement fini leurs jours ! Il y a des millions de saints dans le Ciel qui en sont redevables à Marie ; allons donc avec confiance nous adresser à Marie, humilions-nous de corps et d'esprit à ses pieds, gravons son saint nom dans nos cœurs ; ayons-le souvent dans la bouche ; réclamons sa bonté dans nos peines et dans les dangers de la vie, et elle nous fera bientôt sentir les effets de sa clémence ; elle nous tendra une main secourable ; comme un arc-en-ciel mystérieux, elle arrêtera les eaux de la justice divine prêtes à nous submerger : elle nous méritera des grâces d'élite qui nous affermiront dans le bien ; elle nous remplira de sa plénitude même.

III. Marie est le modèle des plus éminentes vertus ; donc il faut l'étudier et tâcher de l'imiter ; sans cela , le culte que nous lui rendons est un culte faux , superstitieux ou inutile : s'abandonner au crime pendant qu'on lui offre quelques froides prières, c'est la déshonorer au fond du cœur , tandis qu'on l'honore du bout des lèvres. Elle est l'avocate et le refuge des pécheurs , mais non pas du péché ; elle a des ressources infaillibles pour les plus désespérés, quand ils désirent véritablement se convertir , mais elle fut toujours l'ennemie mortelle des cœurs durs et impénitents. Vous lui crierez avec l'Eglise : Vierge sainte , montrez-moi que vous êtes ma bonne mère : *Monstra te esse Matrem ;* mais elle vous répondra : Montrez-moi donc que vous êtes mon enfant, un enfant docile et vertueux , un enfant digne de moi. Mais , dit-on , qu'imiter où tout est inimitable ? Il faut l'avouer, les vertus de Marie ont été si pures , si désintéressées, si sublimes , qu'il y aurait de la témérité à vouloir y aspirer ; mais si nous ne pouvons pas la suivre de près , efforçonsnous de la suivre de loin ; elle a été si humble , que , quoique mère du Sauveur , elle s'estimait trop honorée de la qualité de sa servante ; si chaste, qu'elle eût mieux aimé n'être point la mère de Dieu que de l'être aux dépens de la virginité qu'elle lui avait vouée ; si embrasée d'amour, qu'elle fit autant d'actes héroïques de charité qu'il s'écoula de moments dans toute sa vie ; si assidue à la prière et aux veilles, qu'elle priait et veillait lors même que, par la défaillance de la nature, elle était forcée à prendre quelque repos ; si constante dans la pratique du bien, qu'elle alla toujours croissant en mérite et en sainteté. Grand Dieu ! dans soixante-dix ans qu'elle vécut, à quel haut degré de perfection ne dut-elle pas parvenir ! A son exemple, soyons humbles, doux, patients, modestes, retenus, charitables, mortifiés ; prenons-la pour règle de notre conduite, faisons briller en nous les vertus qu'elle a pratiquées avec tant de pureté et d'élévation.

C'est là, ô Vierge sainte ! la résolution que je prends, regardez-moi donc du haut du Ciel où vous régnez, et rompez les liens funestes qui m'attachent encore au monde, au péché, à moi-même : *Solve vincla reis*. Eclairez mes ténèbres, et faites-moi connaître de plus en plus la volonté du Seigneur, afin que je puisse l'accomplir : *Profer lumen cæcis.* Éloignez de moi tous les maux, pour le corps et pour l'âme, qui pourraient m'éloigner de Dieu : *Mala nostra pelle ;* et demandez pour moi toutes les grâces dont j'ai besoin pour le temps et pour l'éternité : *Bona cuncta posce.*

Marie en tout temps Vierge, en tout temps secourable,
Auprès de votre fils soyez-moi favorable ;
Donnez-moi, Vierge pure et pleine de douceur,
La candeur de l'esprit et la bonté du cœur.

FIN.

Clermont-Ferrand, typographie de Perol.